KB106606

불황에
더 잘나가는
불사조 기업

불황에 더 잘나가는
불사조 기업

초판 발행 | 2017년 10월 20일
초판 3쇄 발행 | 2018년 1월 22일

지은이 · 서용구, 김창주
발행인 · 이종원
발행처 · (주) 도서출판 길벗
브랜드 · 더퀘스트
주소 · 서울시 마포구 월드컵로 10길 56 (서교동)
대표전화 · 02) 332-0931 | 팩스 · 02) 322-0586
출판사 등록일 · 1990년 12월 24일
홈페이지 · www.gilbut.co.kr | **이메일** · gilbut@gilbut.co.kr

기획 및 책임편집 · 김세원 (gim@gilbut.co.kr) | **디자인** · 강은경 | **제작** · 이준호, 손일순, 이진혁
영업마케팅 · 한준희, 이정 | **영업관리** · 김명자 | **독자지원** · 송혜란, 정은주

교정교열 · 공순례 | **CTP 출력 및 인쇄** · 예림인쇄 | **제본** · 신정제본

ISBN 979-11-6050-292-3 03320
(길벗 도서번호 090117)

정가 : 16,000원

이 도서의 국립중앙도서관 출판예정도서목록(CIP)은 서지정보유통지원시스템 홈페이지(http://seoji.nl.go.kr)와 국가자료공동목록시스템(http://www.nl.go.kr/kolisnet)에서 이용하실 수 있습니다. (CIP제어번호: CIP2017024525)

不死鳥

불황에 더 잘나가는

불사조기업

企業

서용구 · 김창주 지음

더퀘스트

머리말

지금 우리는 기업의 수명이 점점 단축되고 있고, 새로운 게임체인저가 경제 생태계를 급격히 변화시키며, '저성장'이 기정사실화된 뉴노멀 시대를 살아가고 있습니다. 자본주의 4.0, 4차 산업혁명, 마켓 4.0 시대. 호칭도 다양한 이 극심한 변화에 대응하느라 힘든 시간을 보내고 있습니다. 그런데 이러한 경제 혹한기에도 잘나가는 기업들은 분명히 존재합니다. 이들의 성공 비결을 살펴보는 것, 그중에서도 우리와 비슷한 경제 환경을 보이는 일본의 시행착오를 돌아보는 것은 더욱 의미 있다 하겠습니다.

특히 필자들은 한국 소비 시장의 역사가 2016년 이전과 이후로 나뉘는 현상에 주목합니다. 2016년 이후 한국 시장에서는 30~54세에 해당하는 주력 소비자 수가 감소하기 시작했고, 이에 따라 곳곳에서 공급 초과로 인한 고통의 소리가 들려오고 있습니다. 이처럼 새로운 시대로 접어든 지금 우리보다 앞서 20년 이상 장기 저성장을 경험한 일본 경제, 그중에서도 꾸준히 지속성장한 기업들을 자세히 들여다보고자 합니다.

일본은 세계 역사상 처음으로 '초고령 사회super aged society'에 진입했으며, 저성장이 표준인 '뉴노멀New Normal' 경제를 살아오고 있습니다. 그런 환경에서 두 자릿수의 고성장을 꾸준히 기록해온 기업들의 스토리는 앞으로 어떤 경제 시나리오가 펼쳐지는가와 관계없이 우리가 어떤 기업 철학과 태도를 가지고 사업을 전개해야 하는가에 대한 통찰력을 줄 수 있다고 믿습니다.

저성장은 이제 한국이나 일본만의 문제가 아니라 전 세계의 기조가 되었습니다. 2008년 미국과 서유럽에서 일어난 경제 쇼크가 세계를 덮쳤고, 현재까지 그 여파를 완전히 극복하지 못한 상태입니다. 동시에 우리는 4차 산업혁명으로 대변되는 거대한 전환의 시기에 살고 있기도 합니다. 올드노멀Old Normal의 굴뚝 경제를 대표하는 월마트의 주가 상승이 정체된 데 반해, 4차 산업혁명의 대표 주자로 여겨지는 테슬라는 창립 14년 만에 114년 역사의 포드 시가총액을 추월했습니다. 또한 인터넷 쇼핑몰 아마존은 지난 20년간 주가가 600배 폭등했으며, 스마트폰이 모든 생활의 중심이 되는 모바일 경제가 폭발적인 성장을 보여주고 있습니다.

이 같은 변화를 1부에 정리했습니다. 기술의 변화, 소비자의 변화, 그리고 소비환경의 변화를 축으로 지금 세계가 공유하는 뉴노멀 트렌드 7가지를 꼽아보았습니다.

한편, 이처럼 변화의 속도가 빨라지면서 최근 30년간 기업의 수명은 계속해서 단축되었습니다. 당장 살아남는 문제를 고민해야 하는 터이므로 장수 기업이 되기란 점점 더 어려워지고 있습니다. 장수 기업은 당면하는 수많은 어려움을 극복하는 과정에서 체질이 강화되어 지속적인 성과를 내게 된 기업을 가리키니까요. 미국에서 매출이 가장 많은 30개 기업(2004년 〈포천〉 500대 기업 상위 30개 사)과 시가총액이 가장 큰 30개 기업(2004년 〈비즈니스위크〉 글로벌 1,000위 중 미국의 상위 30개 사)에 공통으로 포함되는 기업은 17개입니다. 이 중 12곳이 100년에 가까운 역사를 가지고 있습니다. 또한 현재 미국 각 산업의 일등 기업 중 70% 이상이 이와 같다고 합니다. 이 말은 장수 기업이 되는 것이 일등 기업이 되는 데 충분조건은 아니지만 필요조건은 된다는 의미입니다. 초우량 기업이 되기 위해서는 먼저 장수 기업이 돼야 한다는 겁니다.

우리 필자들은 이들 기업에 '불사조'라는 이름을 붙였습니다. 불사조, 즉 피닉스phoenix는 전설에 나오는 신령스러운 새로 죽음과 부활을 끊임없이 반복하는 불사의 삶을 산다고 하죠. 이집트 천지창조 전설에 나오는 벤누Bennu, 태평성대의 상징인 중국의 봉황鳳凰, 새들의 왕인 인도의 가루다Garuda 같은 신조神鳥들과 함께 오늘날 예술과 문학 등 다양한 분야에서 여전히 '불멸'과 '부활'의 상징으로 여겨지고 있습니다. 그런 의미에서 불사조 기업이라는 표현은 꽤 적절한 네이밍이 아닐까 생각해봅니다. 이 책에서는 일본의 52개 불사조 기업을 소개합니다.

제2부 1장에서 먼저 1991년 버블 붕괴 후 일본의 시장 환경이 어떻게 격변했는지, 그리고 그 25년 불황기에 기업의 경영 환경은 어떤 변화를 겪었는지를 살펴봅니다. 이어서 제2부 2장과 3장에서는 그 시간 동안에도 지속성장한 일본의 불사조 기업들의 리스트를 공개합니다. 어떤 기준으로 52개 불사조 기업들을 선정했는지, 또 그들

의 공통적인 특징은 무엇인지를 개괄해 보았습니다.

한 가지 짚고 넘어갈 것은, 필자들은 일본 장기 불황의 실체를 거시적으로 분석하거나 실패 기업 사례를 살펴보며 독자들의 위기감을 높이기보다, 불황기 속에도 성장하는 일본 기업들의 DNA를 분석하는 방식을 택했다는 것입니다. 그것이 지금 우리의 위기 대응 능력을 강화하는 더 효율적인 방법이라고 생각했기 때문입니다.

부디 이 책이 여러분 자신과 여러분이 몸담은 조직의 꿈을 실현하는 데 조그마한 도움이 되기를 희망하면서 파이팅을 기원합니다.

2017년, 서울과 오사카에서 저자 일동

차 례

20년 불황에도

연 10% 이상 성장한 52개 일본기업

제1부

새로운 현실:
뉴노멀 경제

한국의 소비 시장

새로운 저성장 모드로 진입한 한국 경제

한국 소비 시장은 30~54세에 해당하는 소비자가 주도한다. 그런데 이 연령대의 인구가 2016년부터 본격적으로 감소하기 시작했다. 한국 경제는 이제 과거 60년간 경험하지 못한 새로운 표준, 즉 '뉴노멀' 경제로 변화됐다고 평가할 수 있다. 급격한 고령화, 중국의 신창타이新常態(고도성장의 시기를 지나 새로운 시대를 맞이하고 있다는 의미), 4차 산업혁명, 마케팅 4.0 시대로의 진입과 같은 여러 환경 변화의 영향을 직접적으로 받고 있는 것이다. 뉴노멀에는 기술, 소비자, 소비 환경이라는 세 가지 측면에서 다음과 같은 근본적인 배경이 존재한다.

첫째, 기술 측면을 보자. 최근의 기술혁신은 대부분이 기존 제품을 개선하거나 효율을 높이는 존속성 혁신sustaining innovation이라기보다는 기존의 일자리와 비즈니스를 와해시키는 파괴적 혁신disruptive innovation의 성격을 띠고 있다. 대표적인 예가 '아마존고Amazon Go'다. 아마존고는 2017년 시애틀에 문을 연 아마존의 스마트 매장으로 80명이 필요했던 매장 직원 수를 6명으로 줄였다. 잉여인간으로 변화하는 근로자들의 처분가능소득 감소는 불가피하고, 이들의 소비 열망이 급속히 사라질 것이라는 예상은 먼 미래가 아닌 눈앞의 현실이 되었다. 이것이 바로 1번 트렌드로, 파괴적 혁신 기술은 이제 변곡점을 지나 지수 함수적으로 확산되고 있다.

둘째, 소비자 측면이다. 여기서는 세 가지 트렌드가 생겨나는데 고객 수의 감소, 1인 가구 증가, 100세 기대수명이다. 고성장을 표준으로 하던 올드노멀 경제에서는 고객 수와 객단가가 모두 지속적으로 증가했다. 그러나 이제 한국은 주력 소비자 수 감소에 이어 16~64세에 해당하는 경제활동인구의 절대 숫자도 감소할 것으로 예상되며, 그 추이가 앞으로 1~2년 후면 뚜렷이 감지될 것이다. 고객 수가 감소하는 경제에서 저성장은 불가피하다. 설상가상으로, 고객 1명이 소비하는 평균 금액인 객단가 역시 1인 가구 증가와 기대수명 증가로 더욱 낮아질 것으로 보인다. 1인 가구의 증가는 올드노멀 시대에 당연시됐던 일부일처 결혼의 붕괴와 양육비 증가 그리고 일자리 부족에서 오는 결과다. 100세 기대수명 역시 소비자의 구매력에 변화를 가져오는 요소다. 1970년 62세였던 한국인의 수명이 40년 만인 2010년에 82세까지 연장된 것처럼, 앞으로 50년 이내에 100세에 육박할 것으로 예상된다. 기대수명이 늘어남에 따라 인생의 불확실성이 높아져 고소득 · 고령층의 소비가 감소하고 있다. 이상의 세 가지 트렌드가 소비자의 구매력이 위축되는 배경이다.

셋째, 소비 환경 측면이다. 이 측면에서도 세 가지 트렌드가 보이는데 메가시티, 절대 가치, 옴니채널omnichannel이다. 먼저 도시와 국가의 운명이 디커플링(탈동조화)되는 변화가 확연하다. 영국의 사례를 보면 2008년부터 5년간 평균 0% 경제 성장을 보였는데, 같은 기간 런던의 집값은 3배 상승했다. 영국은 불황인데 런던은 호황인 셈이다. 인구 1,000만 명 이상의 글로벌 메가시티와 매력적인 특정 도시들만 성장을 지속하고 나머지 지역은 정체되는 현상으로, 이것이 5번 트렌드다. 성장하는 메가시티를 제외한 지역에서는 장기적인 경기 침체를 경험할 수 있다. 그다음은 스마트폰에 의해 쇼핑의 개념이 검색으로 변화됐다는 점이며, 이것이 6번 트렌드인 절대 가치 소비다. 절대 가치 소비는 소비자의 쇼핑에 대한 기업의 영향력이 이전보다 대폭 감소한 현상을 가리킨다. 이제는 소비자가 많은 정보를 무상으로 획득하게 되면서 기업과 소비자 간 정보 비대칭이 사라졌다. 스마트한 소비자들이 제품과 서비스의 가격 대비 성능(가성비)을 정확히 계산하게 됐고, 소비 경험을 공유하면서 '절대 가치'를 추구하게 됐다. 기업의 브랜드 광고나 마케터들의 프로모션보다는 선배 구매자, 즉 다른 사람들의 '구매 후 평가'가 구매 의사결정의 핵심 요인이 되고 있다. 마지막 7번 트렌드는 옴니채널이다. 과거 올드노멀 소비 시장이 오프라인이라는 육지와 온라인이라는 바다에서 각각 활동하는 육군과 해군에 비유할 수 있다면, 이제는 오프라인과 온라인의 경계가 무의미해진 옴니채널 시장이 도래했다. 육 · 해군이 통합되고 모두가 특공대가 됐다고 이해하면 된다. 이 새로운 옴니채널 쇼핑 환경에서 육군이나 해군 등 순수 혈통을 주장하는 기업은 앞으로 지속적인 매출 하락을 피할 수 없을 것이다.

뉴노멀 현상은 기업의 성장 전략을 비롯한 모든 전략의 대대적인 수정을 요구한다. 기업은 기존의 성장 전략을 뿌리부터 변화시키는 커다란 변화deep change를 이뤄내야 한다. 예컨대 소비재 유통 산업만 하더라도 내국인의 구매력을 가지고는 더는 성장을 지속하기 어렵다. 따라서 1인 가구와 관광객 등 틈새시장의 영업력을 강화하고, 옴니채널 등 성장 채널을 구축하여 지속 성장을 도모해야 한다.

일본의 저성장 경험에서 배울 수 없을까?

뉴노멀을 한마디로 표현하면 저성장이라 할 수 있다. 불행 중 다행인 것은 한국 바로 옆에 저성장 25년 선배 국가가 존재한다는 점이다. 일본은 세계적으로 다음 두 가지 면에서 가장 앞서가고 있다. 첫 번째는 기대수명과 고령화 수준이다. 2006년 세계 최초로 초고령화 사회에 진입했고, 2010년 이후에는 총인구도 감소하고 있다. 두 번째는 지난 1991년 이후 25년간 뉴노멀 경제를 유지해오고 있다는 점이다. 이 두 가지 상황을 앞둔 우리로서는 앞으로 어떻게 대응해야 할지를 일본의 사례를 심층적으로 연구하는 것에서부터 시작해야 할 것이다.

1991년 버블 붕괴 후 일본의 시장 환경은 격변했다. 지가와 주가의 하락으로 고액의 부채를 껴안게 된 불안감 속에, 1997년에는 소비세를 5%로 인상하는 대사건이 발생했다. 흥청망청 불필요한 상품까지도 사들이던 소비자들은 그 후 거짓말처럼 합리적 소비로 돌아섰다. 필요한 상품 이외에는 지갑을 열지 않는 소비 침체기에 돌입한 것이다. 이로 인해 기업의 경영이 악화됐고, 불량채권을 떠안은 기업이 속출했다. 은행 등에 빚을 갚을 수 없어 도산하는 회사가 줄을 이었고, 그만큼 실업자도 늘어났다. 많은 회사원이 명예퇴직을 하고 졸지에 길거리로 내몰렸다.

버블 붕괴 후 일본의 경기 침체는 걷잡을 수 없는 장기화 국면을 보였다. 예를 들어 실질GDP 성장률은 1980년대 후반 3~6% 수준이었지만, 1990년대로 들어섬과 함께 1%대로 수직 낙하했다.

1990년대 후반에 들어서는 불량채권 문제가 사회적인 골칫덩어리가 됐으며, 디플레이션 진전의 여파도 있어 성장률이 큰 폭으로 곤두박질쳤다. 2000년 단 1년을 제외하고 1997년부터 2001년까지 매해 제로에서 마이너스 성장을 보였다.

1980년대 버블 시기의 일본 기업은 성장 확대 전략을 고수했다. 거액의 자금을 빌려 설비를 확대하고 고용을 늘렸다. 그러나 버블 붕괴와 함께 고용 · 설비 · 채무의 이른바 3대 과잉을 떠안게 됐다. 1990년대 말에서 2000년대 초에 걸친 심각한 구조조정 과정을 거치면서 이 3대 과잉 문제를 어느 정도 해소하고, 보다 견고한 재무체질로 거듭나는 기업도 출현했다. 하지만 뼈를 깎는 다운사이징을 견디지 못한 기업들은 역사의 뒤안길로 조용히 사라졌다.

《조용한 대공황》의 저자 시바야마 게이타 교수는 한국을 향해 다음과 같은 경고하기도 했다.

"한국의 높은 가계부채는 앞으로 심각한 문제를 불러일으킬 가능성이 있다. 계속 확대된 소득 격차와 지역 간 격차를 줄이기에는 한국 정부의 지출 규모가 너무 작다. 일본 이상으로 무역 의존도와 시장 개방도가 높은 한국은 세계 경제의 혼란으로 발생하는 악영향을 일본 이상으로 고스란히 뒤집어쓰게 돼 있다."

마켓 4.0 시대로 진입한 한국, 앞으로의 방향은 어느 쪽일까?

그림 1 | 한국 경제 성장률 추세 변화

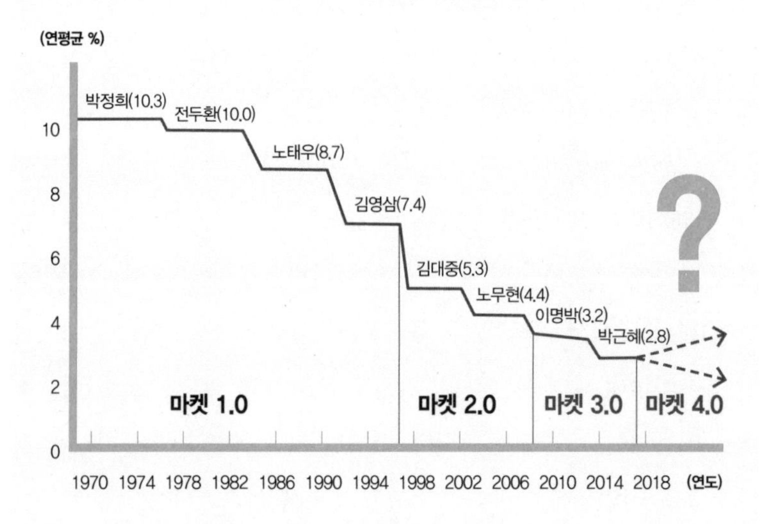

출처: 한국은행

제 2 장

뉴노멀 7개 트렌드

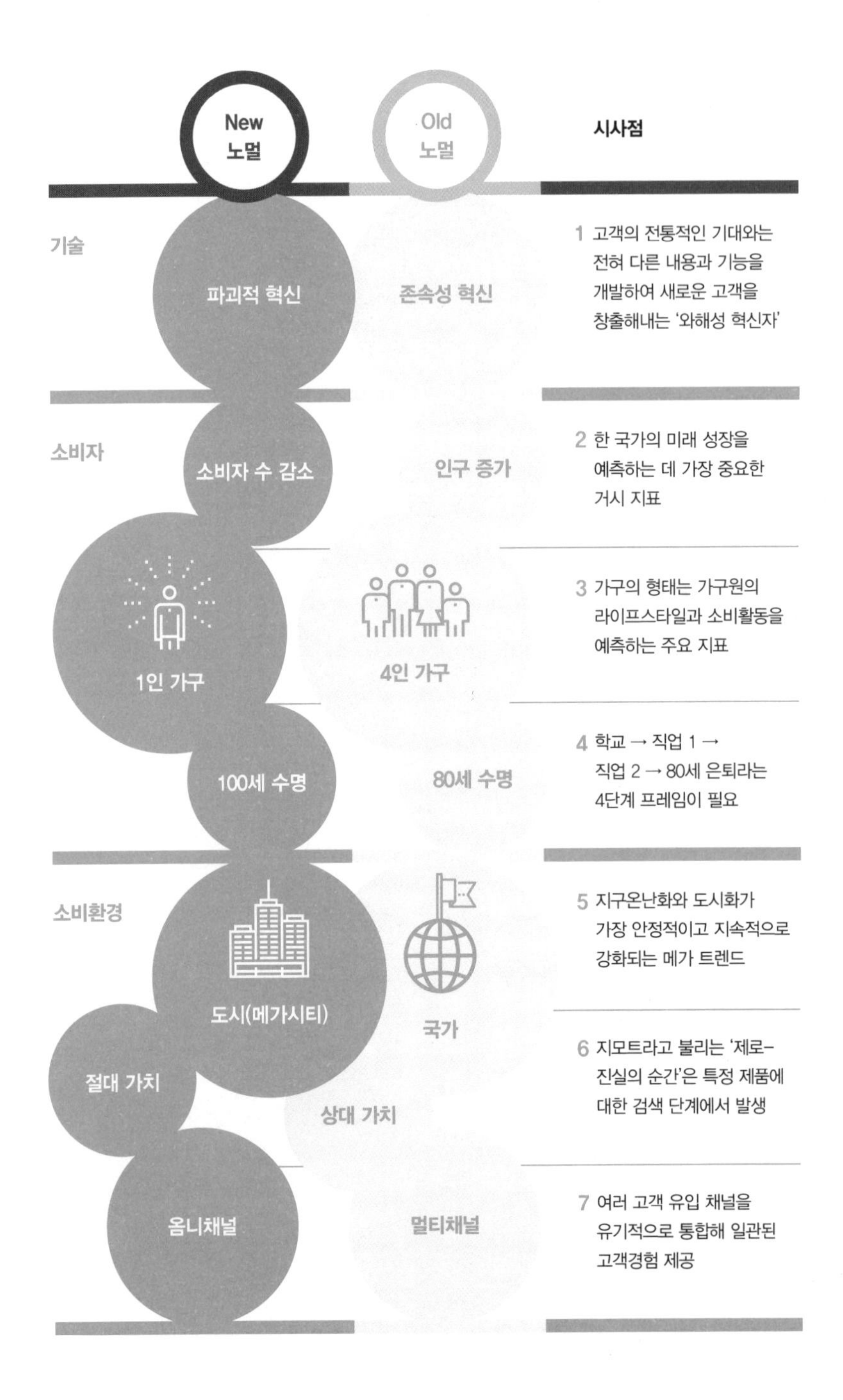
New
노멀
Old
노멀
시사점
기술
파괴적 혁신
존속성 혁신
1 고객의 전통적인 기대와는 전혀 다른 내용과 기능을 개발하여 새로운 고객을 창출해내는 '와해성 혁신자'
소비자
소비자 수 감소
인구 증가
2 한 국가의 미래 성장을 예측하는 데 가장 중요한 거시 지표
1인 가구
4인 가구
3 가구의 형태는 가구원의 라이프스타일과 소비활동을 예측하는 주요 지표
100세 수명
80세 수명
4 학교 → 직업 1 → 직업 2 → 80세 은퇴라는 4단계 프레임이 필요
소비환경
도시(메가시티)
국가
5 지구온난화와 도시화가 가장 안정적이고 지속적으로 강화되는 메가 트렌드
절대 가치
상대 가치
6 지모트라고 불리는 '제로-진실의 순간'은 특정 제품에 대한 검색 단계에서 발생
옴니채널
멀티채널
7 여러 고객 유입 채널을 유기적으로 통합해 일관된 고객경험 제공

1. 파괴적 혁신

'파괴적 혁신'은 본래 와해성 혁신disruptive innovation에서 비롯된 유사용어다. 와해성 혁신이란 기존 비즈니스와 산업 질서를 와해시키는 혁신을 말한다. '와해한다'는 어려운 형용사이기 때문에 보다 일반적으로는 '파괴적 혁신'이란 말을 더 자주 사용하게 됐다고 본다. 드론, 우버, AI(인공지능) 스피커와 같은 파괴적 혁신 기술은 고객의 전통적인 기대와는 전혀 다른 내용과 기능을 개발해 새로운 고객을 창출해내는 '와해성 혁신자disruptive innovator'들이다. 이 용어는 기존 기술을 지속적으로 업그레이드하는 '존속성 혁신'과 대비되는 용어로 널리 사용되고 있으며, 오늘날 세계 경제의 변화를 이해하는 데 가장 핵심적인 개념이다.

1990년대 이후 2000년대 중반이 디지털 IT 시대였다면, 스마트폰이 등장한 2000년대 후반 이후는 스마트 IT 시대라 명명할 수 있다. 디지털 시대가 스마트폰의 보급과 확산에 초점을 맞춘 시대였다면, 스마트 시대는 스마트폰을 일반인부터 기업 · 산업 · 공공 영역에서 보다 똑똑하게 활용하는 데 중점을 뒀다. 스마트 IT의 본격적인 시작은 2007년 스마트폰의 등장이 계기가 됐으나, 2000년대 초반부터 스마트 IT를 분출하기 위한 빅뱅의 에너지가 집적돼왔다. 특히 단말기 제조우위의 기존 IT 시대에서 기술 발전을 통해 고도화된 네트워크-단말기-플랫폼-콘텐츠의 에코 시스템 역량이 크게 결집돼왔으며, 이를 바탕으로 스마트 IT 시대가 열렸다.

그림 2 | 기술의 진화

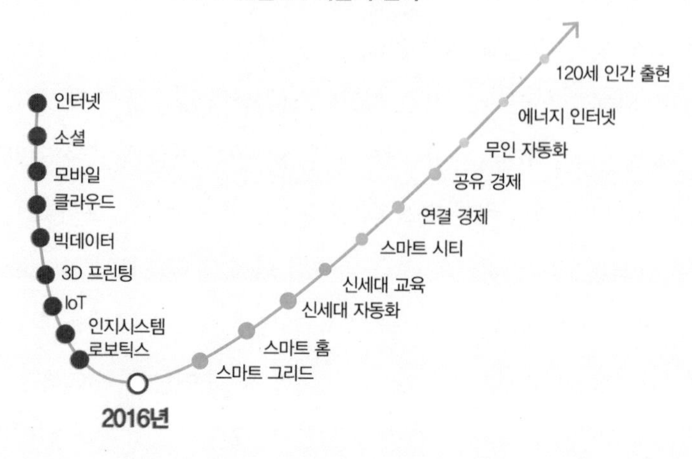

Frank Diana, Tata Consultancy Services(2015) 재구성

이용자에게 제공되는 핵심 가치 역시 기존 IT와 스마트 IT는 커다란 차이를 보인다. 기존 IT는 양방향보다 일방향의 전달을 지향하기 때문에 정보 소통이 제한적이고, 최적의 서비스 제공에 초점을 맞춰 혁신보다는 기능과 품질을 중시했다. 반면 스마트 IT는 이용자가 참여 · 공유 · 소통의 주체가 되고, 서비스 기능뿐만 아니라 감성과의 결합을 중요시하는 인간 중심human centric의 IT를 추구한다. 따라서 지능과 융합을 통해 새로운 서비스와 시장을 창출하는 와해성 혁신을 불러온다.

지난 10년간 세계 유통 산업 최고의 경쟁은 월마트와 아마존 간 싸움이었다. 2005년 월마트 시가총액의 20분의 1에 불과했던 아마존은 2015년 여름 월마트 시가총액을 돌파해 현재는 월마트의 2배에 육박해 있다. 결국 아마존의 완승으로 끝난 것이다. 아마존의 최근 혁신은 시애틀에서 일어나고 있다. 바로 계산대 없는 스마트 매장인 '아마존고' 이야기다. 아마존고는 약 1,000평 크기의 매장에 계산대나 계산원이 따로 없으며, 물품 및 재고 정리 등 대부분의 업무를 '로봇 직원'이 담당한다. 물건을 집어 들면 자동으로 '스마트폰 장바구니'에 등록된다. 줄을 서거나 계산대에 갈 필요가 없다No lines, No checkout.

로봇은 비용을 절감한다. 2015년 미국 식료품 매장당 직원 수는 평균 89명이었지만, '로봇'을 동원하는 아마존고에는 '인간 직원'이 6명이면 된다. 1층 매장에 상품 진열과 고객 등록 담당 각 1명, 드라이브 스루drive-through(운전석에서 내리지 않고 쇼핑하는 것) 담당 직원이 2명, 2층 창고에서 로봇과 재고 정리를 담당하는 직원 2명 등 총 6명이다. 로봇으로 무장한 아마존고 슈퍼마켓은 20% 이상의 영업이익률을 기대하고 있다. 미국 〈뉴욕포스트〉는 아마존의 파괴적 혁신으로 택배업체, 포장업체, 식료품 매장, 오프라인 소매매장 등에서 350만 명의 일자리가 사라질 수도 있다고 전망했다.

유통 산업에서 일자리를 위협하는 것이 아마존고라면 제조업에서는 생산 로봇 '백스터Baxter'가 있다. 백스터는 약 3,000만 원이면 구매할 수 있는 로봇 일꾼이다. 이들은 24시간 일하며, 밥을 먹지도 않고 쉬지도 않는다. 물론 노조에 가입하지도 않는다. 생산 현장에선 이미 로봇이 인간을 넘어선 모습이다. 미국의 리싱크로보틱스가 개발한 이 로봇의 시간당 운영비는 4.32달러(약 5,000원)다. 미국 연방

정부의 최저 시급인 7.25달러의 60% 수준이며, 현재 확산되고 있는 주정부 최저시급 15달러와 비교하면 불과 30% 수준이다. 백스터를 구매하는 것은 인간보다 매우 저렴한 비용으로 온종일 일할 수 있는 노동자를 평생 고용하는 것과 같다.

우버택시는 스마트폰 애플리케이션(앱)으로 승객과 차량을 이어주는 서비스다. 2010년 6월 미국 캘리포니아 주 샌프란시스코에서 서비스를 처음 시작했다. 택시를 잡기 어려운 도심에서 편리하고 빠르게 차를 탈 수 있다는 장점 덕에 출시 후 6년 만에 상하이, 런던, 뉴욕을 포함한 전 세계 400여 도시에서 사용되고 있다. 나도 최근 런던에서 우버택시를 이용했는데 매우 편리했다.

파괴적 혁신은 산업화 시대의 전통적인 일자리를 와해한다. 일자리가 사라지니 당연히 소득이 감소하고, 이는 소비의 위축을 부르기 때문에 저성장 경제를 가져오는 첫 번째 트렌드로 꼽았다. 기술 혁신은 산업화 시대의 전통적인 일자리는 물론 기존 IT 정보화 시대의 일자리까지 파괴하고 있다. 앞으로 그 범위는 더욱 넓어질 것이기에 일자리가 줄어들고 저성장 경제가 이어지는 뉴노멀을 피하기는 힘들 것으로 보인다.

2. 소비자 수 감소

총인구와 인구 증가율은 한 국가의 미래 성장을 예측하는 데 가장 중요한 거시 지표다. 우리나라 총인구는 1970년 3,200만 명에서 꾸준한 증가세를 이어왔다. 그러다가 2000년 이후 출생자가 대폭 감소하면서 저출산에 시달리고 있다. 우리의 미래는 어떻게 될까? 통계청은 앞으로 20년간 우리나라 총인구는 5,000만 명 수준을 유지하다가 2030년 5,216만 명을 정점으로 감소할 것으로 전망한다. 2010년부터 총인구가 줄고 있는 이웃 나라 일본을 20년의 시차를 두고 따라가는 셈이다.

표 1 | 한국인 소비자 수 감소

출생 연도	출생자 수	출생 연도	출생자 수	출생 연도	출생자 수	출생 연도	출생자 수	출생 연도	출생자 수
1960	928,833	1970	922,307	1980	839,360	1990	639,299	2000	639,828
1961	920,265	1971	947,121	1981	842,467	1991	701,661	2001	559,938
1962	885,997	1972	898,901	1982	823,867	1992	724,403	2002	495,268
1963	797,573	1973	897,682	1983	749,426	1993	709,638	2003	493,804
1964	837,923	1974	862,022	1984	662,331	1994	713,451	2004	474,187
1965	856,129	1975	793,298	1985	652,955	1995	707,936	2005	436,172
1966	820,657	1976	765,094	1986	627,641	1996	685,501	2006	449,510
1967	866,083	1977	783,692	1987	617,178	1997	671,839	2007	495,536
1968	931,025	1978	724,311	1988	625,298	1998	640,283	2008	468,321
1969	928,289	1979	829,954	1989	630,475	1999	620,320	2009	447,531

출처: 통계청(2014)

지난 40년간 인구 증가율을 살펴보면 1970년대 2%, 1980년대 1%대로 하락해 20년간 지속한 다음 2000년 이후 1% 미만에 머무르고 있다. 특히 2010년에 35~55세 핵심 생산활동인구가 전체 인구에서 차지하는 비중이 정점에 도달했으며, 이는 2013년 이후 한국 소비 시장이 침체되는 핵심 원인이 되고 있다.

인구 고령화와 생산활동인구의 감소, 그리고 이로 인한 총소비자 수의 감소는 모든 경제 · 사회 정책의 대대적인 수정을 요구하고 있다. 정부는 노인과 여성 인력을 활용하는 한편 교육과 주택 문제, 이민법 개정으로 이민자를 적극 수용하는 등 획기적인 인구 부양 정책을 검토해야 한다.

한국인의 평균 소득은 실질구매력을 고려한 1인당 GDP가 3만 달러를 웃돈다. 2011년 이후부터 이미 영국, 일본과 비슷한 수준의 고소득 선진국 경제가 됐다. 문제는 이러한 객관적 평균값에도 불구하고 한국 내수 경제가 전 계층에 걸쳐 미래 소비에 대한 자신감을 상실했다는 점이다. 여기에 연소득 5,000~8,000만 원 수준의 소득 가구, 소위 '중산층'이 감소하고 있다는 점도 커다란 문제로 부상하고 있다.

지난 50년간 한국의 상대적 소득 변화를 살펴보자. 1967년부터 1987년까지 빈곤층이 다수를 차지하며 피라미드 형태를 보이던 소득 계층 구조는 1988년 서울올림픽을 맞이하면서 사회적 인프라가 확대되는 등의 변화 속에 중산층의 수가 대폭 늘어났다. 1988년 이후 중위 소득 계층인 중산층이 늘어나면서 다이아몬드형으로 발전했다. 이는 중산층이 가장 많고 부유층과 빈곤층의 비율이 상대적으로 작은 이상적 형태다. 그러나 2008년 세계 경제위기 이후 중산층이 서서히 무너졌고, 2011년부터는 핵심 경제활동인구가 늘어나지 않고 있다. 급기야 2016년부터는 30~54세에 해당하는 주력 소비자 수마저 2,100만 명을 정점으로 감소하기 시작했다.

앞으로 뉴노멀이 본격화되면서 한국인의 소득분포는 더블 다이아몬드 구조를 만들 것으로 예상된다. 더블 다이아몬드 구조는 중산층에 속했던 사람들이 부유층과 빈곤층 그룹으로 나뉘어 이동하고, 그 속에서 다시 각각 양극화 현상이 일어나면서 소득 격차가 벌어지는 양상일 때 나타난다. 일본은 이미 1990년대부터 고령화와 저성장이 지속되면서 '격차사회'가 됐고, 이를 극복하지 못하면서 불평등도가 높은 나라로 전락했다. 결론적으로, 고객의 수가 줄어드는 다운사이징 경제에서는 만사가 힘들어질 것이다.

이러한 문제를 해결하는 근본적 방향은 고객의 수를 늘리는 것이다. 기업들은 성숙한 내수 시장에서 벗어나 해외 시장으로 눈을 돌려야 한다. 현지에서 글로벌 상품들과 경쟁하고 현지 유통망 구축에서 절대적으로 불리한 한국 상품이 팔리도록 하기 위해서는 품질과 기능을 획기적으로 개선해야 한다. 나아가 한류를 활용한 '리마커블remarkable 코리안' 브랜드를 만들어야 한다. 리마커블의 힘은 브랜드의 개성에서 나온다. 오스트리아의 저명한 유전학자 마르쿠스 헹스트슐레거Markus Hengstschlaeger는 《개성의 힘》에서 미래의 불확실성이 커질수록 문제를 해결하는 유일한 가능성은 '개성'에 있다고 강조했다. 우리 기업들도 5,000년 역사 속에서 Korea라는 브랜드의 정체성과 스토리를 발견하고, 글로벌 시장에 걸맞은 브랜드로 발전시켜야 수출 분야에서 지속 성장할 수 있다.

그리고 외수를 적극적으로 내수화해야 한다. 외수란 중국인을 포함한 외국인 방문객의 지갑visitor economy을 의미한다. 방문객 경제를 일으키면 한국이 아시아 최고의 관광 국가로 주목받음과 함께 저성장이 고성장으로 전환될 수 있다. 세계경제포럼WEF: World Economic Forum이 발표하는 130개국 관광 경쟁력 보고서에서 한국은 2010년 이후 25~40위권을 성적을 받았다. 정보기술 인프라와 현대 의료 접근성에서는 놀랍게도 세계 최고 점수를 받아 1위를 기록했다. 그러나 정부 입법의 투명성(129위), 이산화탄소 배출량(119위), 무엇보다도 외국인 관광객을 맞는 현지인의 태도(129위) 등의 지표에서는 세계 바닥 수준이다. 외국인 방문객에 대한 태도를 개선하고 최악의 지표들을 10년 장기 계획을 수립해 매년 관리해야 한다. 그러면 세계를 선도하는 스마트 관광Smart Travel 국가로서 외국인 방문객만으로 GDP 1% 성장을 만들 수 있다.

3. 1인 가구

가구household란, '주거와 생계, 즉 소비생활을 한집에서 함께하는 사람들'을 말한다. 구성원의 숫자로 나타나는 가구의 형태는 가구원의 라이프스타일과 소비 활동을 예측하는 데 많은 시사점을 주며, 이는 마케팅에서 매우 중요한 소비자 정보다. 전 세계 선진국 주요 도시를 중심으로 1~2인 가구의 비율이 급증하고 이혼이나 동거, 입양, 동성 부부 인정 등 전통적으로 가족을 의미해왔던 정의와 가치관이 변화하면서 가족의 개념과 정의도 급격히 변하고 있다.

우리나라 가구는 구체적으로 어떻게 변하고 있을까? 2000년 이전 한국의 전통적인 가구 형태는 4인 가족을 의미했지만, 최근에는 1~2인 가구와 같이 소규모 형태로 나누어지고 있다. 심지어는 '나노 가족'이라는 용어도 쓰이고 있다. 이처럼 가구가 분화되는 데에는 도시화, 여성의 사회 진출, 고령화, 저출산, 개인화 등 다양한 원인이 존재한다.

2010년과 2030년(예측)을 비교해보자. 2010년 전체 가구 수는 1,736만 가구였는데 2030년에는 2,172만 가구로, 전체 가구 수가 총인구의 증가세보다 높을 것으로 예상된다. 3인 이상 가구는 줄어드는 데 비해 1인 가구, 2인 가구는 계속 늘어나 앞으로 20년간 점유율이 각각 10% 이상씩 높아질 것으로 보인다. 2010년 이미 1~2인 가구의 비중이 4인 가구를 약 3% 비율로 앞섰고, 2016년부터는 1인 가구가 가장 많아 한국 가정을 대표하는 가구가 됐다(그림 3). 이에 따라 소규모 가구 형태에 맞춘 소비 트렌드가 급격히 부상했다.

3세대 이상이 동거하는 대가족 제도가 수백 년 동안 이어져 내려오다 산업화의 진전과 더불어 해체되고, 부모와 자식으로 구성된 핵가족 제도가 우리 사회의 주류로 자리 잡은 지 불과 40여 년밖에 되지 않았다. 그런데 이제는 2세대 동거 가구도 해체되고 있는 것이다.

1인 가구의 수가 증가하고 소비지출 규모가 커지면서 시장에

그림 3 | 한국 1인 가구의 급성장

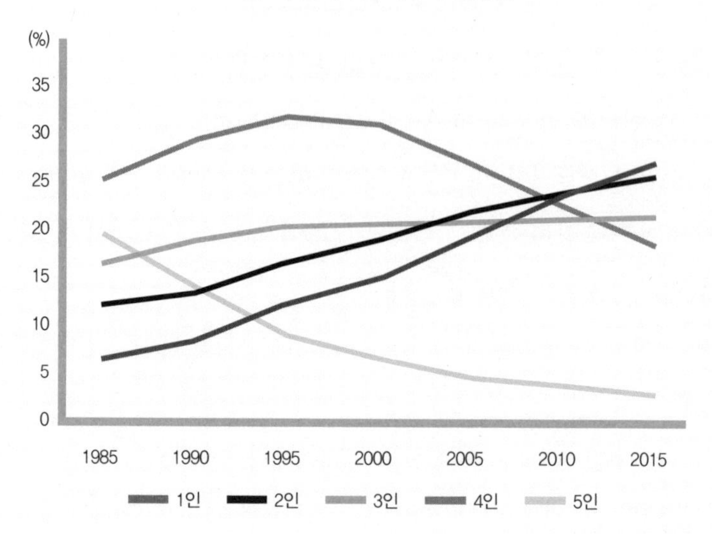

자료: 통계청(2015)

서 무시할 수 없는 중요한 소비 주체로 떠오르고 있다. 이에 따라 소규모 가구를 주요 타깃으로 하는 유통과 서비스 시장, 즉 소위 '1코노미 시장'이 앞으로 유망한 블루오션으로 점쳐지고 있다.

도시화의 가속화, 싱글족과 1인 가구의 증가는 주택 시장에서 먼저 바람이 불었다. 일본이나 유럽과 마찬가지로 셰어하우스, 부분 임대 주택 등 다양한 주택이 등장했고 오피스텔과 도시형 생활주택 공급도 활발하다. 1~2인 가구와 같은 소규모 가구는 소형 가전, 소형 주택 등 '소형'을 추구하는 소비성향을 보인다. 소규모 가구 형태일수록 여가 · 문화 등과 같이 자아실현형 소비지출 규모가 크며, 대형 마트가 아닌 편의점이나 슈퍼마켓 등 근린형 소비 경향을 보인다. 또한 스마트폰 등 각종 IT기기를 활용한 온라인, 애플리케이션으로 가상공간에서의 쇼핑 빈도가 높은 것으로 파악된다.

소규모 가구라도 연령대에 따라 주요 소비 분야는 다르다. 20~30대 1인 가구는 오락 · 문화 분야의 소비지출이 4인 이상 가구에 비해 높은 증가율을 보이고, 60세 이상 1인 가구는 복지나 의료와 관련된 지출 비중이 높게 나타난다. 3~4인 이상의 가구에서 교육 분야의 소비지출이 두드러지는 점과 대비된다. 이는 3~4인 이상의 가구가 보통 부모와 자녀들로 구성되어 있다 보니 나타나는 현상이다.

특히 눈에 띄는 부분이 65세 이상 노령 1인 가구의 증가다. 1인 가구 전체에서 차지하는 비중이 2010년 29.4%에서 2030년 49.6%로 1인 가구 절반에 해당할 것으로 예상된다. 노인층의 1인 가구 증가는 실버산업의 성장을 불러오는 계기가 될 것이다. 다만, 그중 빈곤층에 해당하는 52.5%가 여성일 것이라는 분석이다.

이들 가구는 꾸준한 관심 대상이며 연령대별로 특징이 다소 다르다는 점을 염두에 둬야 한다. 이런저런 이유로 1인 가구 시장은 이머징 마켓이다. 이를 거꾸로 말한다면, 대형 마트와 같은 가족형 소비 시장은 침체를 피하기 어려워 보인다고 전망할 수 있다. 3인 이상 가구 수가 상대적으로 줄기 때문이다.

4. 100세 수명

세계보건기구[WHO] 회원국들의 기대수명을 보면 미국을 제외하고 주요 선진국 대부분이 80세를 넘어섰다. 한국도 남녀 평균 기대수명이 2016년 81세를 기록한 이후 지속적으로 늘어나고 있으며 이미 세계 주요 장수 국가군에 들어가 있다. 2030년 한국인 남성의 기대수명은 82세, 여성은 87세로 늘어난다. 세계 최장수 국가인 이웃 나라 일본의 기대수명은 이미 84세에 도달하고 있고, 100세 이상 노인만 6만 명이 넘는다. 특이한 사실은 이들 100세 이상 노인 중 90% 정도가 할머니 1인 가구라는 점이다.

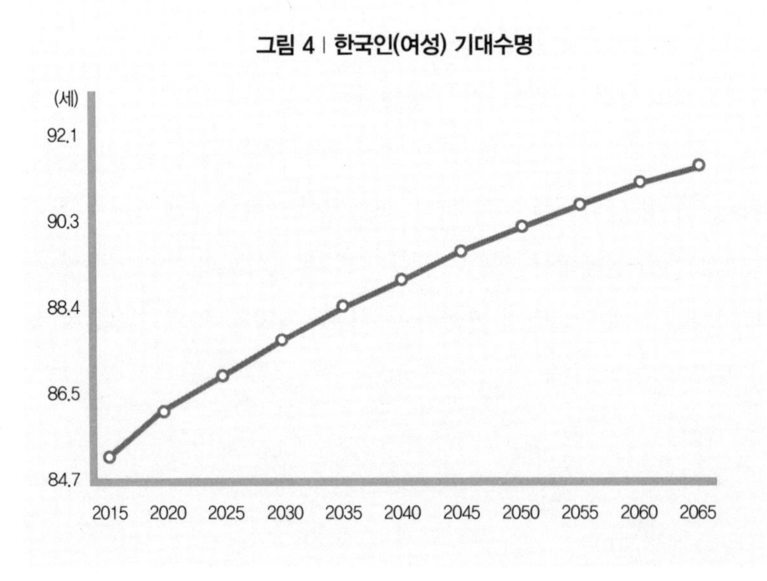

그림 4 | 한국인(여성) 기대수명

자료: 통계청(2015)

나는 최근 BBC에서 영국, 미국 등에서는 1990년 이후 출생한 사람들은 50% 이상이 105세까지 살 것으로 기대한다는 뉴스를 접한 적이 있다. 우리나라에서도 1945~1963년에 출생한 베이비부머들부터 평균 90세에 육박하는 수명을 누리는 사람이 많아질 것으로 보인다. 더 나아가서 이들의 자식 세대인 1990년 이후 출생자들은 세계 최초로 일본인들과 함께 호모 헌드레드, 즉 100세 인간이 될 것으로 전망된다.

기대수명이 100세라는 사실은 우리에게 많은 시사점을 준다. 첫째, 100세 시대에는 과거 80세 수명 시대와는 다른 프레임이 필요하다는 점이다. 80세 시대에는 '학교 → 직장 → 은퇴'라는 3단계가 인생의 줄거리였다면, 100세 시대에는 '학교 → 직업 1 → 직업 2 → 80세 은퇴'라는 4단계 프레임이 필요하다. 이제는 60세 이후 또 하나의 인생이 생긴다는 점을 고려해 전체적인 기획을 해야 한다.

둘째, 은퇴 이후의 삶이 과거에 비해 10년 이상 길어진다는 점이다. 따라서 은퇴 이후에 대한 준비가 어느 때보다 중요해졌다. 문제는 대부분의 한국인이 기대수명 연장에 필요한 유형·무형의 자산을 구축하는 데 실패하고 있다는 점이다. 그 주된 이유는 처분가능소득이 증가하는 30~40대 시기에 자녀 교육비에 지나치게 투자하기 때문이다. 이는 기대수명 연장이 소비 자신감 상실로 이어질 수 있다는 사실을 말해준다. 결국 100세를 향해 계속 늘어가는 수명은 미래 불확실성을 키우고, 자산 보유 여부를 떠나 소비와 투자 측면에서 지출 감소로 이어진다는 점을 시사한다.

셋째, 서로 다른 가치관을 가진 여러 세대가 공존한다는 점이다. 그러다 보니 세대 간 갈등이 심화돼 각종 사회 문제가 발생하고, 이는 유형자산이 물처럼 자연스럽게 다음 세대와 사회로 이전되는 흐름을 방해해 장기 소비 침체를 부를 수 있다.

세대 이론에서는 연령별로 세대를 구분해 이들 간의 가치관, 행동 패턴, 사회적 환경 등을 파악하면 소비성향 등을 더욱 자세히 분석할 수 있다고 본다. 현재 한국의 주요 소비자 그룹은 3개의 서로 다른 세대로 구성돼 있다. 전쟁 후 출산 붐이 불어 상대적으로 출생자가 많은 베이비부머, 즉 BB세대Baby Boomer(1953~1963년 출생자), 베이비부머와 신세대 사이에 끼어 있는 X세대(1964~1979년 출생자), 그리고 이전 세대와 차별성이 큰 Y세대(1980년~1999년 출생자)다. 이상 3개 세대가 현재 한국의 주력 소비자들이다. 각 세대의 대표적인 출생연도와 특징을 살펴보자.

한국 대기업 공채 1기이기도 한 1958년생 개띠는 사회 여러 분야에서 이전 B세대와 큰 차이를 보이며 성장했다. 또한 그 수도 많아서 BB세대와 동의어로 불릴 만큼 베이비부머의 대표 선수들이다. 베이비붐으로 출생률이 가장 절정기에 이르렀을 때가 바로 1958년이었으며, 이들이 현재 한국 사회 모든 조직의 최정상부를 구성하고 있다. 그리고 X세대의 대표자 격인 1974년생 범띠는 고 육영수 여사 피격 사건, 민청학련 사건 등 사회적으로 불안한 해에 태어났다. 현재는 한국 모든 조직의 핵심 허리 역할을 담당하고 있다. Y세대에서는 1987년생 토끼띠를 꼽을 수 있다. 이들은 6차 교육과정의 마지막을 경험했으며, 국민학교에서 초등학교로 명칭이 바뀌고 초등학교에서 영어교육을 받지 않은 마지막 학년이다. 대학입시 등 한 살 아래인

1988년생들과는 같은 Y세대에 속하지만, 비교적 다른 교육제도에서 성장한 탓에 세대 격차가 존재한다.

BB세대는 일본 전후 세대보다 길고 두꺼운 층을 형성하고 있으며, 전쟁을 겪었던 이전 B세대와는 달리 사회 · 경제적으로 어느 정도 안정된 분위기에서 성장했다. 이전 세대에 비해 높은 교육 수준을 이루었고 현재 한국 사회 전반에 걸쳐 최정상 지위를 차지하고 있다. BB세대의 가치관은 가족 지향, 여성 권리 강화feminism, 민주화와 자유 등으로 대변할 수 있으며 한국 역사상 자산을 가장 많이 축적한 세대라고 할 수 있다. 이들의 경제적 영향력 때문에 베이비부머의 본격적 은퇴가 가져오는 경기 침체를 경계할 필요가 있다.

1964~1979년에 출생한 X세대는 BB세대와 Y세대 가운데 낀 샌드위치 세대로 중간적 특성을 지닌다. 초기 X세대를 제외하고는 정치적 이데올로기가 거의 없는 상태에서 젊은 시절을 보냈고, 컴퓨터와 인터넷의 확산으로 뛰어난 정보처리 능력을 갖추기 시작한 세대이기도 하다. 더불어 간접체험에 익숙하고, 특히 자신만의 개성을 표현하고자 개인의 여가생활에 적극적인 소비지출을 하기도 한다.

Y세대는 1980~1999년에 출생한 세대로 보통 BB세대의 자녀들로 이뤄져 있다. Y세대라는 용어는 미국 푸르덴셜보험사에서 처음 사용한 것으로 2000년의 새로운 주역으로 등장하게 될 세대를 지칭하며, 다른 명칭으로는 '밀레니엄 세대'라고도 한다. 대학 진학률이 80%에 육박하여 세계 최고 수준이며, 다른 세대에 비해 도전정신이 강하다. 한국 역사상 가장 잘 먹고 가장 잘 교육받아서 체격과 학력이라는 스펙에서 한국 최고 수준을 구현했다. BB, X세대보다 수적으

로도 가장 큰 규모의 소비 계층이며, 컴퓨터와 모바일 앱 등 각종 IT 기기를 잘 다루고 IT문화에 익숙하다. 실용성 · 편리성 · 다양성을 기반으로 하는 가치관이 주를 이루고, 이전 세대에 비해 글로벌 경험이 풍부해 인종적 · 민족적 차이를 기꺼이 수용하는 글로벌 지향 특성을 보인다.

2010년 이후 펼쳐진 드라마틱한 경제 상황 변화로, 1958년에 출생한 한국인과 1994년에 출생한 한국인은 사뭇 다른 운명을 걷게 된 것이다. 1958년에 출생한 한국인은 78만 명이다. 이들 중 약 25%가 대학에 진학했다. '58년 개띠'는 한마디로 축복받은 한국인이다. 이들이 25세 취업 나이가 됐을 때인 1983년, 한국은 연간 10%라는 세계 최고의 초고속 경제 성장을 하는 개발도상국이었다. 대졸자는 100%라 할 만큼 취업이 대부분 가능했다. 상당수가 대졸 공채 1기로 입사해 30년간 직장생활을 했고, 입사 동기 100명 중 무려 5명 이상이 사장 등 임원 자리에 도달했다. 이들 중 대부분이 2003년(만 45세) 이전에 아파트를 구입했고, 그 아파트값은 전국 평균 2~3배가 올랐다. 가난한 국가에서 태어났으나 30~40대 성장기에 제대로 된 성취감을 맛볼 수 있었다. 그 이유는 이들의 헝그리정신과 노력도 있지만, 그에 못지않게 인구라는 보너스Bonus가 작용했기 때문이다. 1970년 한국 인구는 3,200만 명이었고 2012년에는 5,000만 명을 돌파했다. 40년 동안 인구수가 65% 정도 매년 꾸준히 늘어난 것이다.

1994년 출생한 한국인은 71만 명이다. 36년 전 아버지 세대와 숫자는 비슷하다. 이들 중 약 80%가 대학에 진학했다. 그러나 '94

년 개띠'는 한마디로 고달픈 한국인이다. 이들이 25세 취업할 나이가 되는 2019년 한국은 어떤 상황일까? 1.5%대 경제 성장률을 가진, 고령화 속도 세계 최고의 고령 사회aged society로 진화돼 있을 것이다. 36년 간격을 두고 개띠로 출생한 사람들. 출생자 숫자는 비슷하지만 이들이 처한 운명에는 엄청난 차이가 있다.

1968년 원숭이띠는 한국 역사상 두 번째로 많은 93만 명의 출생자 수를 기록했다. 이들이 본격적으로 은퇴하면 한국 시장은 크게 위축될 것이 분명하다. 운 좋게 대졸 공채로 입사한다고 해도 사장 등 임원급까지 도달할 가능성은 100명 중 1명이 될까 말까다. 그만큼 경쟁이 치열해졌다. 이들 중 대부분은 집 사는 것을 포기할 것이다. 정규직 일자리가 너무 많이 부족하다. 이들은 1인당 2만 달러 이상의 선진경제에서 자라나고 공부했으나, 30~40대 본격 성장기에 비정규직이나 일용직 또는 자영업자로 살 수밖에 없었다. 그 이유는 이들의 자격이나 노력이 부족하기 때문은 아니다. 인구통계적 오너스Onus가 작용했기 때문이다(오너스는 '저주'를 의미한다). 2016년부터 30~54세에 해당하는 한국인의 수가 급격히 줄기 시작했다. 2030년부터는 총인구수도 감소할 것으로 예상된다. 소비자와 경제활동인구가 대폭 감소하는 시장에서는 답이 없다.

결국 우리나라에서는 출생연도에 따라서 서로 다른 인생이 드라마틱하게 펼쳐지고 있다. 1950년대 출생자는 금수저, 1960년대 출생자는 은수저, 1970년대 출생자는 동수저, 1980년대 출생자들은 흙수저라고 명명할 수 있다. 그렇다면 그 이후 출생한 사람들은? 1990년대 이후 출생자, 즉 현재 20대 한국인들을 우리는 '무수저'

세대라고 명명하고자 한다. 흙수저마저 빼앗긴 요즘 20대는 '헬조선'을 외치고 있다. 58년 개띠들은 성장 기업에 입사해 고속 출세를 경험했고, 1960~70년대 출생자들은 2000년대 인터넷 붐 당시 창업해 현재 판교 테크노밸리의 실제 주인들이 됐으며 금융 시장에서도 재미를 좀 봤다. 25%만이 대학에 진학했던 58년 개띠 부모 세대에 비해 36년 후배 94년 개띠 한국인은 대학 진학률 세계 최고를 만들었고 외국인 친구들도 많지만, 일자리와 수익 면에서 선배 세대보다 절대적으로 불리한 뉴노멀 경제하에서 살게 될 것이다.

5. 도시(메가시티)

'도시는 인간이 만든 최고의 발명품'이라는 말이 있다. 21세기 들어 도시화는 전 세계적으로 급격히 진행되는 현상 중 하나다. 가장 안정적이고 지속적으로 강화되는 메가 트렌드가 지구 온난화와 도시화라고 말할 정도다. 특히 2008년 글로벌 금융위기 이후 도시와 해당 국가의 경제 성장률이 디커플링되고 도시 간 성장 격차가 커지면서, 어떤 도시를 선택하느냐가 기업과 개인의 성패를 결정하는 중요한 변수가 되고 있다.

도시 매력도는 비즈니스 활동, 인력 수준, 정보 수준, 문화적 매력, 정치적 안정 등의 요인들로 결정된다. 2016년 글로벌 컨설팅 회사 에이티커니A.T. Kearney의 발표에 따르면 런던, 뉴욕, 파리, 도쿄,

표 2 | 급성장하는 메가시티

(단위: 백만 명, %)

순위	도시(국가)	2011년	2015년	인구 증가율
1	다카(방글라데시)	15	23	53
2	베이징(중국)	16	23	44
3	뉴델리(인도)	23	33	43
4	카라치(파키스탄)	14	20	43
5	상하이(중국)	20	28	40
6	콜카타(인도)	14	19	36
7	뭄바이(인도)	20	27	35
8	마닐라(필리핀)	12	16	33
9	멕시코시티(멕시코)	20	25	25
10	LA(미국)	13	16	23
11	뉴욕(미국)	20	24	20
12	리우데자네이루(브라질)	12	14	17
13	상파울루(브라질)	20	23	15
14	부에노스아이레스(아르헨티나)	14	16	14
15	도쿄(일본)	37	39	5

자료: "2011~2015년 가장 급성장한 도시순위", Statista(2015)

홍콩, LA, 시카고, 싱가포르, 베이징, 워싱턴 D.C.에 이어 서울이 세계 11위에 올라 있다. 하지만 앞으로는 20위권으로 밀려날 것으로 전망하고 있기에 서울의 미래 도시 경쟁력에 빨간불이 켜졌다.

도시화 현상 중 가장 주목해야 하는 특징 중 하나가 바로 메가시티의 부상이다. 메가시티는 인구 1,000만 명이 넘는 소형 국가급 초대형 도시를 말한다. 약 70년 전인 1950년대만 해도 전 세계 메가시티는 뉴욕과 도쿄 2개에 불과했다. 그러나 1980년대 이후 급증하기 시작해 2005년에는 총 20개, 2015년에는 34개로 크게 늘었다. 숫자가 2개에서 34개로 증가한 폭만큼 세계 경제도 급성장했다고 해석할 수 있다.

메가시티는 비즈니스와 문화, 지식, 쇼핑, 오락 산업의 중심지라는 측면도 중요하다. 현재 세계 GDP의 15분의 1이 세계 10대 메가시티권에서 발생하고 있다. 인력, 돈, 정보는 유망한 곳으로 몰리는 경향이 있다. 국가 차원에서는 지속적으로 지역별 균형발전을 유도하겠지만, 메가시티는 인력 · 돈 · 정보를 자석처럼 끌어당기며 개별 국가에서 차지하는 위상이 더욱 높아질 것이다. 다른 도시와 국가에서 더 많은 우수 인력이 새로운 기회를 추구하며 메가시티로 몰린다는 사실이 이를 분명히 보여준다.

미래에는 도시 간의 글로벌 경쟁이 더 뚜렷해질 것이다. 특히 유럽이나 동북아처럼 메가시티들이 밀집한 지역에서는 국가를 넘어 지역 전체의 패권을 놓고 메가시티 간 경쟁이 심화될 것이다. 동북아만 보더라도 베이징, 상하이, 홍콩, 서울, 도쿄 등 5개 메가시티가 금융, 상업, 문화, 정보, 산업 등 다양한 측면에서 동아시아의 허브가 되기 위해 치열한 경쟁을 벌이고 있다.

IT 산업을 보면 1990년대 이후 미국의 실리콘밸리 외에 인도의 벵갈루루, 아일랜드의 더블린, 타이완의 신죽공업단지, 핀란드의 울루 등 수많은 지역 클러스터가 생겨나 번성 중이다. 이러한 측면에서 오마에 겐이치는 《The Next Global Stage》에서 미래 세계 경제의 주역으로 '지역 국가'의 부상을 예견한 바 있다. 국가 자체보다는 인구 50~300만 명의 특성화된 산업을 보유한 매력적인 도시나 지역이 세계 경제의 주체로서 위력을 발휘하리라는 예측이다.

메가시티의 급성장과 도시화는 다양한 문제점을 안고 있다. 이 중 주목할 점은 국가와 도시의 디커플링 현상이다. 나는 2008년 이후 5년간 영국이 0% 성장을 지속하는 가운데 런던의 집값이 3배 이상 폭등하는 놀라운 현상을 목격했다. 이후 2016년 영국이 유럽연합을 이탈하는 브렉시트 투표에서 런던 유권자는 75%가 현상 유지에 찬성표를 던졌다. 참으로 놀라운 도시-국가 분리 현상을 전 세계에 보여준 셈이다. 정치적으로 그리고 물가 면에서도 런던은 이제 영국을 대표한다고 볼 수 없으며, 이러한 현상은 전 세계 주요 메가시티에서 일상화되는 추세다.

그렇다면 대한민국 유일의 메가시티인 서울 상황은 어떨까? 한국은 세종시 건설 등과 같이 국토 균형발전 정책을 지속하고 있는데, 이는 자칫 글로벌 메가시티 경쟁에서 뒤처질 위험을 부를 수도 있다고 생각된다. 서울은 2015년 1,000만 명을 정점으로 이후 인구가 줄기 시작했다. 균형발전 프레임에 매몰돼 한정된 재원을 낭비한다면 메가시티로서 서울의 경쟁력을 상실할 수 있다. 2015년 정책 세미나에서 국토연구원의 한 연구위원은 기존 균형발전론은 고령화 · 저성장이라는 사회구조 변화의 흐름 속에서 더는 명분도 실리도 없기 때문에 국토 개발의 패러다임을 거점 개발 방식으로 전환해야 한다고 주장했다. 세계화 시대에 국가라는 개념이 흐려지고 런던, LA, 서울 등 메가시티가 중요한 브랜드로 부상하고 있기 때문이다.

균형발전론은 지속 가능하지 않으며, 저성장으로 재정수입이 축소되는 상황에서 균형발전을 고수한다면 재원을 비효율적으로 운용하는 결과를 낳게 돼 저성장이 고착되는 결과를 낳을 수 있다는 것이다.

주거비 부담과 함께 일자리 감소까지 겹쳐 2016년에만 약 14만 명이 서울을 떠난 것으로 나타났다. 이는 1997년(17만 8,000명 감소) 이후 19년 만에 가장 큰 폭의 감소였다. 통계청 관계자는 "서울의 인구 순유출 증가는 높은 주거비에 부담을 느낀 이들이 상대적으로 경기가 좋은 다른 지역에 일자리를 구하러 이동하는 경향이 반영된 것"이라고 분석했다.

더욱이 대한민국 제2의 도시인 부산의 인구 역시 2016년에 처음으로 350만 명 이하로 줄어들었다. 행정자치부가 발표한 2016년 말 주민등록인구(내국인) 통계를 보면, 부산의 인구는 349만 8,529명으로 심리적 마지노선인 350만 명이 무너졌다. 부산시가 기업유치를 통해 일자리 창출과 출산 장려 정책을 펼치고 있지만 역부족인 것이다.

대한민국 1, 2위 도시의 총인구가 감소하고 있다는 사실은 소비와 산업의 잠재 성장률을 감소시키고 미래 경쟁력을 떨어뜨리는 심각한 현상으로 해석해야 한다. 특히 한국 유일의 메가시티인 서울의 인구 감소는 글로벌 메가시티 경쟁에서 우리의 경쟁력이 저하되고 있음을 보여주는 상징적 사건이다.

6. 절대 가치

소비자가 제품을 구매하는 전체 과정에서 과거 오프라인 경제 또는 성장 경제 시대에는 두 번의 '진실의 순간MOT: Moments Of Truth'이 발생했다. 진실의 순간이란 소비자가 특정 상품이나 브랜드를 구매할지 포기할지를 결정하는 순간으로 서비스 마케팅 분야에서 사용하는 개념이다. 첫 번째 진실의 순간은 편의점 매대에서 A라는 제품을 구매할지 B라는 제품을 구매할지 고민하는 순간을 말한다. 두 번째 진실의 순간은 그 제품을 구매하여 사용하면서 만족 또는 불만족을 경험하는 순간을 말한다.

과거에는 대체로 이 두 가지 진실의 순간을 통해 재구매 여부가 결정되곤 했다. 하지만 '쿠팡'이나 '야놀자' 등과 같은 모바일 앱으로 제품과 서비스를 구매하기 시작하면서 기존 2개의 진실의 순간보다 더 강력한 진실의 순간이 만들어졌다. 즉, 특정 제품에 대한 검색 단계에서 또 한 번의 진실의 순간을 경험한다. 그 시점이 이전 2개보다 상당히 앞선다고 하여 제로를 앞에 붙여서 '제로-진실의 순간' 또는 '지모트Z-MOT'라고 부른다.

이처럼 모바일 쇼핑 시대로 들어서면서 쇼핑의 개념이 완전히 재정의되고 있다. 과거 오프라인 매장에 직접 가서 판매원과 대면 접촉을 통해 제품을 구매하던 방식이 올드노멀이라면, 이제는 스마트폰으로 관심 있는 제품과 서비스 구매를 검색하는 뉴노멀 방식이 일반화됐다. 뉴노멀 쇼핑은 그야말로 검색 활동을 가리킨다. 제품 구매를 결정하는 가장 강력한 진실의 순간이 검색 단계에서 발생하는 것

그림 5 | Z-MOT(제로-진실의 순간)

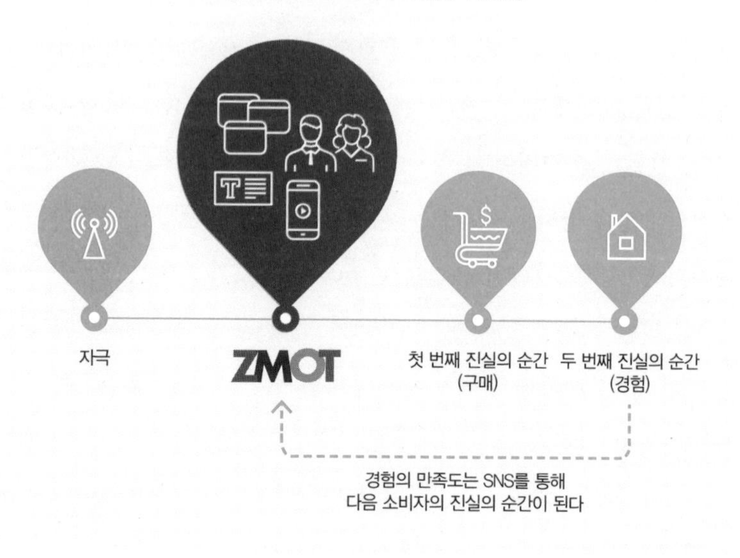

자료: Google(2011)

이다.

이전 구매자의 댓글이나 구매 평가를 읽어보고 구매를 결정하는 새로운 쇼핑 경향으로 소비자와 기업의 상대적 위치가 드라마처럼 급격하게 변화했다. 《절대 가치》의 저자이자 스탠퍼드 경영대학원 교수인 이타마르 시몬슨Itamar Simonson은 이제 기존의 오프라인 마케팅이 통하지 않는 절대 가치의 시대가 시작된다고 주장한다. 성장이 기본인 올드노멀 시대에 통했던 마케팅 전략은 효과가 급격히 줄었으며, 표준화된 마케팅 전략이 더는 효과를 발휘하지 못한다. 기존 마케팅 담당자들은 소비자가 원하는 것을 찾아 제공해왔고, 소비자들은 품질에 대해 알고 싶을 때 마케팅 전문가들이 주는 정보를 받아들였다. 이때 제품의 품질을 측정하는 지표들로는 브랜드, 가격, 생산지, 유통 방법 등이 있었다.

시몬슨 교수의 주장을 단순하게 요약하면, 모바일 시대 소비자의 구매 의사결정에서 'PMO'의 상대적 중요성이 변화한다는 것이다. 소비자의 판단에 영향을 미치는 요인에는 여러 가지가 있는데 시몬슨은 이를 'PMO'로 정리했다. 먼저 'P'는 사전 선호Prior preference다. 소비자 머릿속에 이미 저장돼 있는 성향을 가리킨다. 예를 들어 어떤 사람은 극단적인 편에 서길 좋아하고, 어떤 사람은 중간에 서길 좋아한다. 어떤 사람은 타협하는 걸 좋아하고, 어떤 사람은 타협은 용납할 수 없다고 생각한다. 이런 건 유전적으로 타고나는 요소여서 우리가 이해할 수 없는 부분이다. 두 번째 요인, 'M'은 마케터다. 기업이 발신하는 정보들, 즉 광고, 브랜드 구축 등이 M의 영향력을 보여준다. 마지막 요인은 'O'다. 소비자는 구매 의사결정을 할 때 다른 사람들Other people에게 구매 평가와 스토리들을 듣는데, 이때의 '다른 사람'은 가족일 수도 있고 전혀 모르는 사람일 수도 있다. 예컨대 인터넷에서는 전혀 모르는 선배 구매 경험자들로부터 정보를 받는다. 이 세 가지 요인 중에서 O의 영향력은 급격히 늘어나고, M의 영향력은 줄어들고 있다.

브랜드 충성도의 개념도 그 유효성을 급격히 상실하고 있다. 3박 4일 일정으로 남해안 여행을 간다고 가정하자. '티맵'으로 최적 경로를 찾아서 운전하고 다니며, 방문지 인근에서 '야놀자' 앱에 접속해 가성비 높은 호텔과 리조트를 선택할 수 있는 세상이다. 스마트폰을 활용한 검색 활동으로 브랜드 충성도가 급격히 약해지는 것이다. 기존 마케팅 이론에 등장하는 포지셔닝, 세그멘테이션 역시 과거보다 효과가 떨어진다. '설득'은 광고 등을 통해 소비자에게 우리 제품이 가장 좋다고 이해시키고자 하는 활동이다. 절대 가치 측면에서 이것은 시간 낭비다. 소비자들이 제품에 대한 더 좋은 정보 소스를 가지고 있기 때문이다. 고객 충성도의 중요성이 줄어들고 있으므로 마케터의 역할도 바뀌어야 한다. 다시 말해, 'O'에 더 집중해야 한다. 실제 기업 마케팅 부서의 역할과 의무는 앞으로 상당히 바뀔 것으로 보인다. 소비자 커뮤니티 관리나 스토리 유통이 하나의 역할이 될 것이다.

가성비는 '가격 대비 성능'의 준말로 소비자 입장에서 자신이 지급한 가격에 비해 제품 성능이 얼마나 큰 효용을 주는지를 나타낸다. 이제 '명성'과 '이미지'만으로 무한한 신뢰를 받는 브랜드가 될 수 있던 시대는 막을 내렸다. 소비자들은 자신들끼리 소통하면서 자신들만의 가치를 추구하고, 가성비를 브랜드 가치를 결정짓는 주요한 척도로 삼고 있다. 그 결과, 화려한 브랜딩보다는 진정성과 실력으로 진검승부를 하며 최강의 가성비를 구현하는 브랜드가 소비 시장의 새로운 패권을 장악하게 됐다.

뉴노멀 시대 소비자가 추구하는 가치를 생각해보자. 브랜드 편익은 크게 두 가지로 구분할 수 있다. 첫 번째는 이미지 편익으로, 상징적 편익symbolic benefit이라고도 말할 수 있다. 즉 브랜드를 통해 자신을 알리고 남들에게 신호를 보내는 역할을 하는 것이다. 브랜드가 확장된 자아extended self로 표현되는 것은 바로 이 편익이 작동되기 때문이다. 두 번째는 성능 편익으로, 기능적functional · 경험적experiential 혜택이 여기에 포함된다. 브랜드를 통해 문제를 해결함으로써 기능적 만족을 얻고, 사용 체험을 통해 기쁨을 얻는 편익을 의미한다.

과거 고성장 경제에서는 이미지 편익에 높은 가중치를 두었다면, 지금과 같은 뉴노멀 저성장 시대에는 성능 편익으로 중심이 이동하고 있다. 과거 고성장 시대, 수요 부족 시대에는 항상 재화가 부족했다. 소비자 입장에서는 남들보다 많이 소유하는 것이 절대적 목표였다. 기술 수준이 아직 성장 단계여서 기술 수준이 불균형했기 때문에 선도 기술을 가진 소수 브랜드가 희소성 효과와 상징성 효과를 차지할 수 있었다. 그러나 현재는 기술의 상향 평준화로 기업 간 차별성이 약해지면서 희소성 또한 약해졌다. 초과잉 생산, 과잉 소유 탓에 차별적 소유를 통한 이미지 상징화 효과가 약해진 것이다. 소유에서 공유로 패러다임이 변화하고 '빠른 경험', '다양한 것을 쉽게 공유하는 것' 등에 더 높은 가치를 부여하는 새로운 시대가 됐다.

스마트폰으로 무장한 소비자들과 기업 마케터들 간의 정보 비대칭은 이제 거의 존재하지 않는다. 이에 따라 소비자들의 브랜드 충성도 역시 사라졌고, 소비자들의 연결성이 강화되면서 쇼핑의 근본 개념도 검색 활동으로 변화했다. 이러한 소비 환경에서 올드노멀인 광고와 촉진에 매달리거나 브랜드 충성도에 올인하는 마케팅을 고집하는 기업은 경쟁력이 추락할 수밖에 없을 것이다.

7. 옴니채널

그림 6 | 옴니채널의 탄생

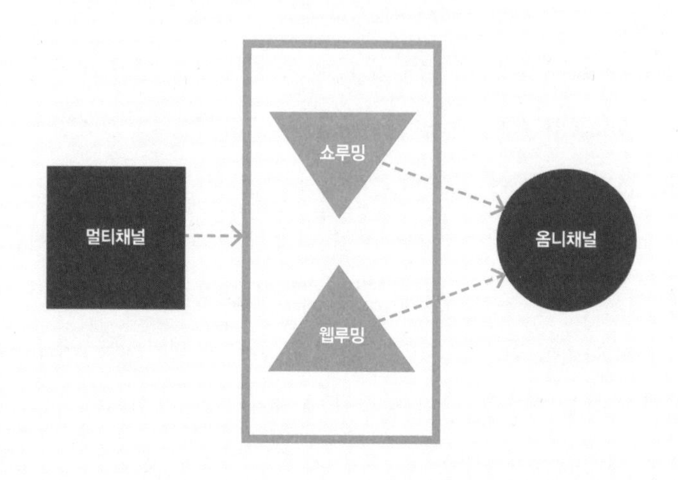

옴니omni란 모든 곳, 모든 것, 모든 방식을 일컫는 용어다. AR · VR과 같은 정보기술의 발전, 모바일 쇼핑, 해외 직구라는 소비 트렌드는 모든 기존 기업에 커다란 영향을 미치고 있다. 특히 이전에는 오프라인과 온라인이라는 2개의 세계가 분리돼 있었다. 그러나 최근에는 서로 다른 다양한 채널이 통합 · 융합하는 것이 메가 트렌드화되고 있다. 과거에는 오프라인 구매와 온라인 구매는 2개의 서로 다른 사업부에서 상호 교류하지 않고 발달해왔다. 그러나 소비자들이 먼저 변하기 시작했다.

A 씨의 제품 구매 경로를 추적해보자. 먼저 TV 광고를 통해 제품을 알게 되고, 제품을 체험해보기 위해 동네 매장을 방문한다. 그곳에서 판매원과 대화하며 특정 브랜드의 구매를 결심하고 집으로 돌아온다. 이후 온라인으로 제품을 검색하고 가격을 비교한 후 방문한 매장에서 봤던 가격보다 더 저렴한 가격으로 구매한다(쇼루밍 Showrooming).

한편 B 씨는 온라인 배너 광고를 통해 제품을 알게 됐다. 스마트폰으로 즉시 검색을 하면서 선배 구매자들의 경험과 댓글을 살펴본 후, 가격 등을 경쟁 제품과 비교하고 분석한다. 이제 특정 브랜드로 마음을 정한 후 평소 다니는 회사 근처 매장에 가서 제품을 구매한다(웹루밍 Webrooming).

소비자들이 온라인과 오프라인의 경계를 왔다 갔다 하는 쇼루밍과 웹루밍 구매가 확산되고, 스마트폰 사용자들이 옴니채널 소비자로 진화하면서 올드노멀의 유효성이 급속히 상실됐다. 기업들도 오프라인과 온라인 채널을 구분해서 경영하기보다는 이들을 통합해 옴니로 대응하는 것이 효과성과 효율성 면에서 가장 나은 해법이라고 생각하기 시작했다.

옴니채널 마케팅은 2008년 이후 미국 메이시백화점이 온라인 채널에 대응하기 위해 활용한 방식이다. 매직미러와 비콘 등 정보기술을 활용해 백화점 내 판촉을 실시했는데, 이것이 눈에 띄는 효과를 거두면서 널리 알려졌다. 이후 그 효과가 반복해서 검증되자, 온라인 업체들은 오프라인 매장을 개설하고 오프라인 업체들은 온라인 채널과의 협업과 통합을 강화하기 시작했다. 그 결과 유통업계 최대 화두로 옴니채널 마케팅이 부각되면서 매끈하고 일관성 있는 구매 경험을 제공하는 것이 유통업체들의 목표가 되고 있다. 옴니채널 마케팅을 구현하려면 각각 다른 사업부로 분리 운영되는 멀티채널을 극복해 목표와 전략을 통일하고, 고객 중심의 일대일 마케팅을 실행할 수 있어야 한다.

유통업체들은 이제 개별적으로 구축하던 웹사이트, 모바일 앱, 오프라인 매장, 소셜미디어, 고객센터 등의 여러 고객 유입 채널을 유기적으로 통합하여 일관된 고객 경험을 제공하는 옴니채널 전략을 추진하고 있다. 멀티채널에서 한층 더 나아간 개념이다. 예를 들어, 옴니채널 환경에서는 모바일로 상품을 구매한 후 오프라인 매장에서 상품을 받거나 반품할 수도 있다.

옴니채널 마케팅을 강화해야 하는 이유로는 여러 가지가 있다. 그중에서도 소비자들이 다음과 같은 변화를 보인다는 것이 가장 중요한 이유가 된다. 점점 더 가격에 민감해지고, 모바일기기의 활용 역량이 날로 늘어나며, 각종 소셜미디어를 통해 온갖 정보를 공유한다는 점이다. 특히 소비자들의 연결성은 각종 모바일 앱과 검색 활동으로 날로 강화되고 있다.

유명 럭셔리 브랜드 '버버리'는 큐레이션과 옴니채널의 선도기업으로 꼽힌다. 이 회사는 컬렉션 런웨이 현장을 온라인으로 생중계하고, 모델이 착용한 의상을 시청자가 바로 주문할 수 있게 하는 서비스를 선보였다. 또 매장 내에서 전 세계 재고량을 실시간으로 파악해 고객 응대를 하고, 전 제품에 RFID 태그를 붙여서 소비자가 제품을 만졌을 때 옆에 있는 거울에서 제품 정보가 동영상으로 상영되는 멋진 체험을 제공했다. SNS도 적극 활용했다. 버버리를 입고 찍은 사진을 고객 스스로가 올리는 '아트 오브 더 트렌치Art of the Trench' 사이트를 통해 적극적인 소비자 참여를 끌어냈다. 옴니채널 전략을 주도적으로 구사하면서 버버리의 매출이 2배 이상 늘었고, 이는 명품 시장에서도 SNS와 인터넷 마케팅을 적극적으로 도입하기 시작한 계기가 되었다.

이러한 옴니채널 트렌드를 무시하고 오프라인이나 온라인 중 하나의 시장에만 머무는 올드노멀형 기업은 매출 감소를 피하기 힘들 것이다.

20년 불황에도

연 10% 이상 성장한 52개 일본기업

제2부

일본의 장기 불황과
불사조 기업

제 1 장

뉴노멀 25년 선진국 일본

버블경제 붕괴

1991년 버블 붕괴 후, 일본의 시장 환경은 격변했다. 다른 무엇보다 주가와 지가의 하락이 커다란 충격이었다. 소비자, 기업 불문하고 모두가 엄청난 빚더미를 껴안은 채 불안감에 떨었다. 상황이 이렇게 되자, 소비자들은 꼭 필요한 것 이외에는 지갑을 열지 않게 됐다. 기업 또한 창업 이래 최대의 위기를 모면하기 위해 모든 수단을 강구해야 했다. 하지만 한순간에 몰아닥친 혹독한 겨울에 많은 기업이 경영 악화라는 시련에 빠졌다. 그중에 조금이라도 맷집이 약한 기업은 회사 문을 완전히 닫아야 했다.

그림 7 | 닛케이평균 주가 추이

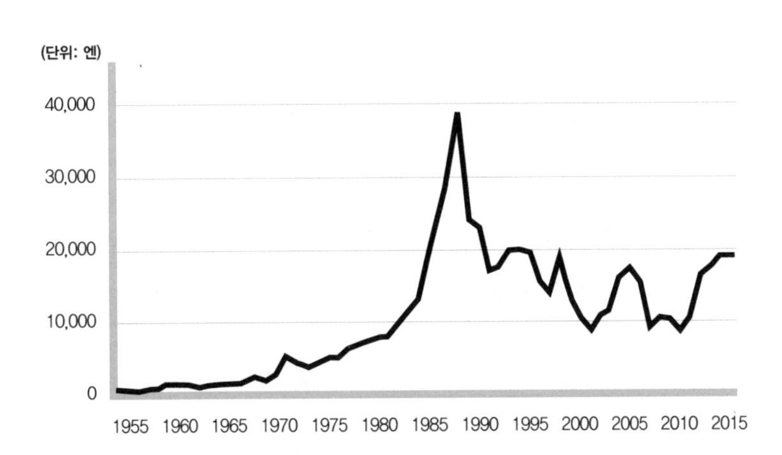

자료: 닛케이평균지수 홈페이지(https://indexes.nikkei.co.jp/nkave)

버블 붕괴는 일본 주식 시장을 절망스러운 상황으로 만들었다. 〈그림 7〉은 닛케이평균 주가의 추이를 보여준다. 닛케이평균 주가는 1989년 12월 29일에 38,957.44엔(종가 38,915.87엔)으로 최고치를 경신했다. 사람들은 잔뜩 부푼 기대로 새해를 맞이했다. 그러나 불과 몇 개월 만에 상황은 급변하고 말았다. 1990년 10월 1에 일시적으로 2만 엔 이하까지 떨어지면서 불과 9개월여 만에 주가가 반 토막이 나버린 것이다. 여기서도 하락은 멈추지 않았고, 2002년 8,578.95엔으로 1만 엔 이하까지 폭락한 후에야 상승곡선을 그리는 듯했다. 하지만 2011년에는 다시 1982년(8,016.67엔) 수준인 8,455.35엔을 기록했다. 주가로만 따져보면 30년 전으로 회귀한 셈이며, 버블 붕괴 후 최악의 수치였다. 최근 경제 회복 기대감의 영향으로 2016년에는 19,114.37엔으로 마감됐다.

주가 하락의 영향일까, 주식과 토지의 자산총액이 충격적으로 감소했다. 〈그림 8〉을 보자. 1989년 닛케이평균이 사상 최고치였을 때, 주식 자산총액은 약 889조 9,000억 엔이었다. 하지만 그다음 해인 1990년 약 521조 5,000억 엔, 1992년에는 약 369조 3,000억 엔으로 불과 3년 만에 주식 자산총액이 반 토막 이하가 되어버렸다. 한편, 토지자산은 버블 붕괴 직전인 1990년 말에 약 2,456조 엔으로 절정이었다. 하지만 2006년 말에는 약 1,228조 엔으로 조사돼 16년 동안 무려 절반인 1,228조 엔의 자산가치가 사라져버린 것으로 드러났다. 이처럼 쓰라린 경험을 한 탓인지 일본인들은 한 달에 15만 엔 이상의 적지 않은 월세를 내고 살면서도 자기 집을 마련하겠다고 생각하는 사람이 의외로 많지 않다. 실제로, 아무리 좋은 지역에 신축

그림 8 | 일본의 토지 및 주식 자산총액

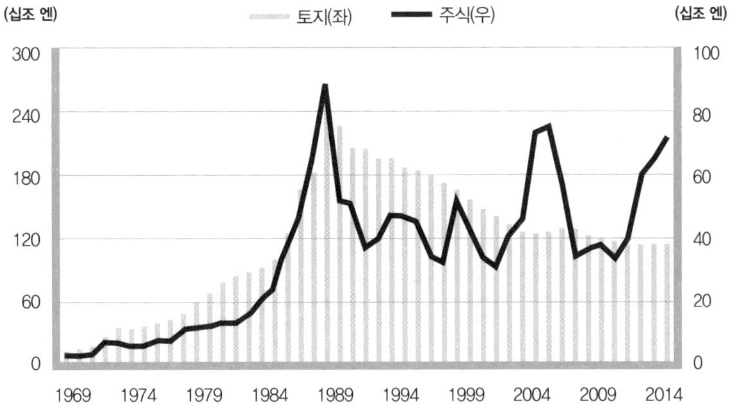

(십조 엔) 토지(좌) 주식(우) (십조 엔)

300 240 180 120 60 0

100 80 60 40 20 0

1969 1974 1979 1984 1989 1994 1999 2004 2009 2014

참고: 각 연도의 수치는 토지 및 주식 자산의 산출 개정 기준에 따라 약간의 차이가 있음
자료: 일본 내각부 홈페이지

아파트를 구매하더라도 입주 직후부터 그 아파트의 매물 가격은 지속적으로 하락한다. 일본에서는 한국과 달리 부동산이 재테크라는 개념과는 조금 거리가 멀다고 보면 된다.

버블 붕괴의 여파는 소비자들도 피부로 절실히 느꼈다. 〈그림 9〉는 2인 이상 가구의 월평균 가계소비지출과 소비자물가지수를 나타낸다. 가계소비지출을 보면, 1993년(33만 5,246엔)을 정점으로 매년 감소하는 추세다. 주목할 점은 경기의 나침반이라고 할 수 있는 소비자물가지수의 전년도 대비 성장률이다. 1995년에 -0.1%로 마이너스 성장을 기록한 후, 20여 년 가까이 상승하지 않고 있다. 가계

그림 9 | 일본의 가계소비지출과 소비자물가지수

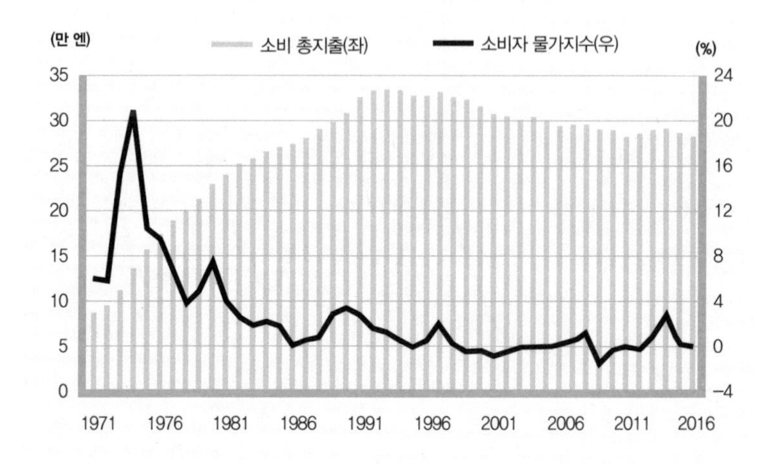

참고: 소비 총지출은 농림어업 가구를 제외한 결과
자료: 일본 총무성 통계국 홈페이지

소비지출이 줄어드는 상황을 고려하면 당연한 결과로 볼 수 있다.

소비자마저 등을 돌린 시장 환경은 기업의 경영 자체를 위협하는 악재였다. 당연히 기업의 수익구조는 악화됐고, 불량채권을 떠안은 기업 중 은행 등에 빚을 갚을 수 없어 도산하는 회사가 줄을 이었다. 이러한 불량채권과 주가 하락 등은 대형 금융기관의 경영파탄에도 직접적인 원인이 됐다. 1995년 8월, 효고은행은 일본 은행들 중에서 제2차 세계대전 이후 처음으로 문을 닫았다. 몇 년 후, 한국의 IMF 위기를 전후해서는 홋카이도타쿠쇼쿠은행, 니혼쵸오키신요은행 등 대형 금융기관의 줄도산이 이어졌다.

이렇게 버블 붕괴 후 경기 침체는 걷잡을 수 없는 장기화 국면을 보였다. 〈그림 10〉을 보자. 2016년도 실질GDP와 명목GDP는 각각 523.0조 엔과 537.5조 엔이었다. 실질GDP 성장률은 고도성장기의 1960년대 평균 10.37%를 정점으로, 1970년대 평균 4.97%, 1980년대 4.35%, 1990년대 1.6%, 2000년대 0.54%로 후퇴했다. 1990년대 후반 들어서는 불량채권 문제가 골칫덩어리가 됐으며, 디플레이션 진전의 여파도 있어 성장률이 큰 폭으로 곤두박질쳤다.

특히 디플레이션의 파괴력은 상상을 뛰어넘는다. GDP 디플레이터는 인플레이션의 정도를 나타내는 물가지수로 해석할 수 있다. 전년도 대비 GDP 디플레이터의 증가율이 플러스이면 인플레이션, 마이너스이면 디플레이션을 의미한다. 〈그림 10〉을 보면 일본 경제

그림 10 | 일본의 명목GDP와 실질GDP 성장률

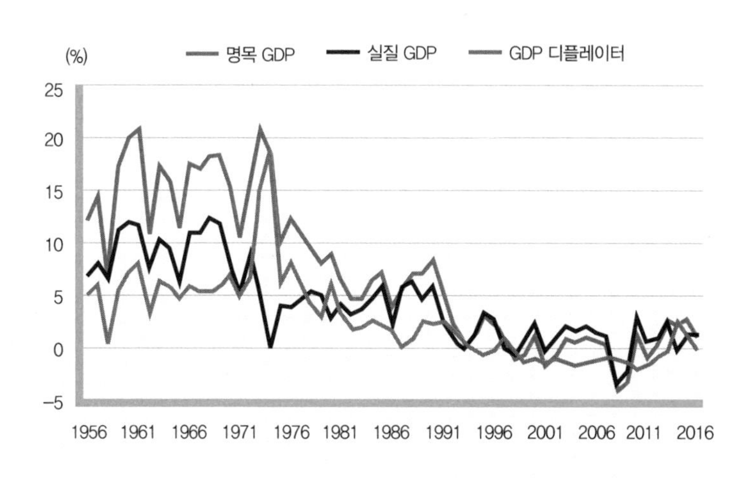

참고: GDP 산출 개정 기준에 따라서는 각 연도의 수치는 약간의 차이가 있음
자료: 일본 내각부 홈페이지

가 1994년부터 2013년까지, 1997년을 제외하고 20년 가까이 디플레이션의 늪에서 허우적거리고 있음을 알 수 있다. IMF 자료에 따르면 GDP의 세계 순위 1, 2위인 미국과 중국이 최근 인플레이션을 보이고 있는데, 일본은 그 상황과 대조적이다. 바로, 일본 경제가 잃어버린 20년을 경험했다는 사실이 과장이 아님을 증명한다.

한편, 버블 시기의 일본 기업은 성장 확대 전략을 고수했다. 거액의 자금을 빌려 설비를 증강하고, 고용을 늘렸다. 그러나 버블 붕괴와 함께 많은 기업이 고용 · 설비 · 채무라는 3대 과잉을 떠안게 됐다. 그만큼 한순간에 실업자도 늘어났고, 많은 회사원이 명예퇴직을 할 수밖에 없는 상황이 됐다. 또한 기업들은 파견사원 채용과 업무의 아웃소싱 등을 통해 경비를 절감하는 데 주력했다. 1990년대 말에서 2000년대 초에 걸친 심각한 구조조정 과정을 통해 견고한 재무체질로 거듭난 기업도 출현했다. 그러나 뼈를 깎는 조직혁신을 이루지 못한 기업은 소비자에게 선택받지 못하면서 자연스럽게 시장에서 도태되어갔다.

버블 붕괴 이전과 비교할 때 한 가지 특징은 신중한 성장 전략을 중시하는 기업이 늘어났다는 것이다. 설비 투자에 대해서도 과감하게 추진하기보다 현금흐름cash flow의 범위 내에서 실행하는 경우가 많아졌다. 예를 들어 케즈홀딩스(가전양판점)는 기존 핵심 산업에 집중하는 내실경영의 신념을 더욱 강화하며, 무리한 사업 확장과 투자를 위해서는 '열심히 노력하지 말라'라는 사훈을 두었을 정도다.

최근 아베노믹스의 성과에 대한 찬반양론이 격화되고 있다. 지금이야말로 경제 회복을 실현하지 못한다면, 잃어버린 20년에서

30년, 아니 40년을 맞이할 수 있다는 사회적 위기감과 불안이 표출되는 것이라고 본다. 분명한 것은 아베 총리가 경제를 살리고자 하는 유일한 목적하에 뭐든 하겠다는 강한 의지만큼은 가지고 있다는 것이다.

대표적인 정책이 다른 나라의 따가운 시선은 아랑곳하지 않고 관철하고 있는 환율 정책, 즉 엔화가치 절하다. 그뿐만이 아니다. 기업에는 종업원의 보너스 외에 실질임금의 인상을 독촉했다. 나아가 소비 활성화를 위해 각종 세금 면제 및 할인 혜택을 어느 정부보다 적극적이고 과감하게 추진하고 있다. 예를 들어 신축 아파트를 금융기관을 통해 대출로 구입할 경우, 10년 동안 매년 최대 40만 엔 정도까지 세금을 되돌려준다. 하지만 아베노믹스의 고군분투에도 불구하고, 그 성과는 아직 미지수다. 일본의 경제 침체가 한순간에 돌파하기란 불가능할 만큼 깊이 뿌리 박혀 있기 때문이다.

기업 경영 환경은 정말 심각했나?

일본에서 장기 불황은 많은 기업에 위협이 됐다. 특히 그 위협에 민감한 산업이 제조업이었다. 그중에서도 건축 · 건설업계는 혹한기를 맞이해 성장이 아닌 생존을 목표로 모든 것을 내걸어야 했다. 토카이코오교의 비극적인 종말은 하나의 사례에 불과하다.

토카이코오교는 버블 붕괴 후 두 번이나 도산한 종합건설업체다. 1946년 3월에 설립하여 1963년에 도쿄증권거래소 2부에 상장됐고, 1967년에 도쿄증권거래소 1부로 이동했다. 맨션과 오피스 빌딩 건설, 택지 조성, 골프장 개발 등 왕성한 사업을 전개했다. 전성기에는 2,868억 엔의 매출을 달성하기도 했다. 그러나 버블 시기에 도시 개발로 사업 중심을 옮긴 것 외에 자회사에 대한 채무 보증이 불량채권이 되면서 회복할 수 없는 타격을 입었다. 버블 붕괴의 직격탄을 받은 건설업 불황도 한몫했다. 결국 1997년 7월 4일에 5,110억 엔의 부채를 떠안아 회사정리법에 따라 도산을 신청했다.

그 후 민간 디벨로퍼(개발업자)의 수주 호조에 힘입어 기업 실적이 몰라보게 회복됐다. 2005년에는 기업 경신 절차가 종결돼, 순조로운 재시작을 하는 듯 보였다. 그러나 얼마 지나지 않아 서브 프라임 모기지에 기인한 경제위기가 세계를 덮쳤고, 일본에도 그 여파가 상륙하여 맨션업계를 둘러싼 환경이 급변했다. 2009년에 쇼에이부동산이 민사재생법에 따라 도산을 신청하자 토카이코오교에는 63억 엔의 불량채권이 발생했다. 그것으로 끝이 아니었다. 2011년 동일본 대지진 등의 영향으로 자재나 인건비가 급등하면서 자금 융통이 어려워졌고, 결국에는 민사재생법 신청을 감행했다. 이것이 토카이코오교의 두 번째 도산 스토리다.

그럼 버블 붕괴 후 얼마나 많은 기업이 경영파탄의 궁지에 몰렸을까? 〈그림 11〉을 보자. 도쿄쇼코리서치는 매년 부채액 1,000만 엔 이상 기업의 도산 건수와 부채총액을 조사하고 있다. 기업 도산 건수는 기업들의 경기지표를 나타내는 주요한 통계 데이터다. 실질적으로 버블 붕괴를 선언한 1990년을 보면 6,468개 사의 도산에, 그 부채총액은 1조 9,958억 5,500만 엔이었다. 하지만 본격적인 혹한기에 진입한 1991년의 도산 건수와 부채총액은 각각 1만 723건, 8조 1,487억 5,000만 엔으로 껑충 뛰어올랐다. 그렇게 10년간 지속되다 2001년 1만 9,164건을 정점으로 도산 건수가 차츰 줄어들었다. 이 수치는 버블 붕괴 직전과 비교하면 약 3배에 달한다. 더욱 놀라운 것은 부채총액이다. 2000년에 23조 8,850억 3,500만 엔을 찍었는데, 이는 1990년과 비교하면 약 12배나 많은 수치다.

시간이 흘러 2016년에는 기업 도산이 8,446건, 부채총액이 2조 61억 1,900만 엔이었다. 법적 도산의 구성비는 과거 최고치의 89.5% 수준이었다. 구체적으로 보면 부채 10억 엔 이상의 대형 도

그림 11 | 일본의 기업 도산 건수 및 부채총액 추이

자료: 도쿄쇼코리서치 홈페이지

산이 235건으로 1989년(166건) 이래 저수준이며, 중소기업 도산은 8,439건(전체 구성비 99.9%)으로 8년 연속 전년을 밑돌았다. 이러한 수치만으로 보았을 때는 20년 이상의 장기 불황을 맛보고 나서야 버블 붕괴 전과 유사한 수준으로 개선됐다고 이해할 수 있다. 금융기관이 중소기업의 리스케줄링 요청에 유연하게 대처하는 등 금융 지원을 하고, 수출 대기업을 중심으로 한 실적 확대 등에 힘입어 경기가 회복되고 있다. 또한 엔저가 지속되는 가운데 원유나 철강 관련 수입 원재료 가격이 낮아짐으로써 경영 환경을 호전시켰다고 볼 수 있다. 조심스럽긴 하지만, 최근 들어 혹한기라는 긴 터널의 출구에 도착했다고 전망하는 전문가들도 있다.

혹한기 탈출, 가능할까?

경제 회복의 기미가 보이기는 하지만, 아직 팡파르를 터뜨리는 건 시기상조다. 앞으로 드리울 또 다른 어두운 그림자에 대해서는 기업도 정부도 마땅한 솔루션을 마련하지 못한 듯 보이기 때문이다. 기업과 정부는 그간 무너진 버블경제와의 싸움에 몰두하느라 저출산 · 고령화가 주도하는 뉴노멀 시대에 충분히 대비하지 못했다. 이 문제는 시장 주력 소비층의 패러다임 전환을 가져왔고, 가계소비지출 감소는 다시금 전체 시장 규모의 축소를 초래했다. 또한 가계소비지출의 감소는 앞으로 기업의 경제활동에 직격탄을 날릴 수 있는 소비세 인상

정책과도 맞물려 있다. 한마디로, 일본 경제는 혹한기 탈출은커녕 더 심각한 총체적 난국에 빠져들고 있다.

〈그림 12〉를 보자. 일본 총인구는 2016년 10월 기준 약 1억 2,693만 명으로, 2010년 약 1억 2,806만 명을 정점으로 서서히 줄어들고 있다. 총인구의 감소보다 더 유심히 봐야 할 것은 연령층에 따른 인구구조의 변화 추이다. 총인구에서 차지하는 유년층(14세 이하)과 노동인구(15~64세)의 비율이 각각 1991년 17.7%, 69.8%에서 2016년 12.4%, 60.3%로 대폭 감소했다. 반면 고령층 인구(65세 이상)는 동일 시기 대비 12.6%에서 약 27.3%로 2배 이상 늘어났다. 더 경악스러운 건 27.3% 중 13.3%가 75세 이상 고령 인구라는 사실이

그림 12 | 일본 인구구조의 변화

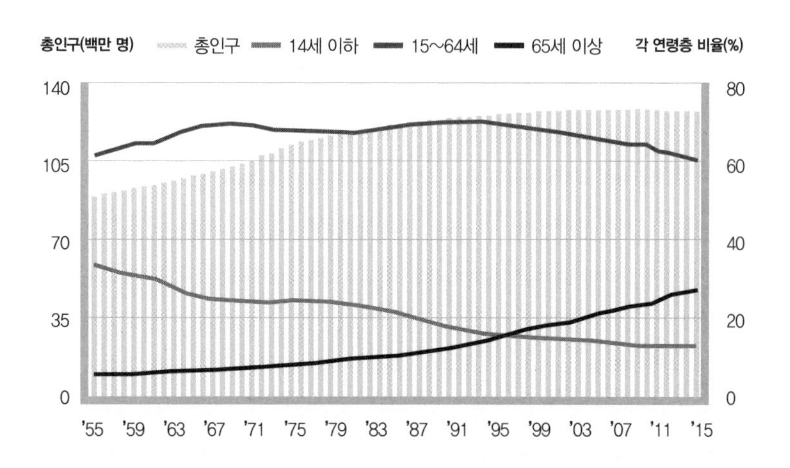

자료: 일본 총무성 통계국 홈페이지

다. 즉, 유년층보다 75세 이상 고령 인구가 더 많은 나라가 바로 일본이다.

미즈호코퍼레이션은행에 따르면, 2025년 고령화 시장은 2007년 대비 61%가 증가한 101.3조 엔 규모까지 성장할 것으로 예측된다. 고령화 시장은 크게 의료 · 의약품 산업, 간병 · 간호 산업, 그 외 생활 산업의 세 가지로 분류된다. 2025년에 이들 산업은 각각 35.0조 엔(116% 증가), 15.2조 엔(137.5% 증가), 51.1조 엔(26.8% 증가) 규모가 될 것으로 예상된다. 초고령화 시장의 특징 중 하나는 치매다. 후생노동성 발표(2015)에 따르면, 2012년 고령자 462만 명(7명 중 1명)이 치매 환자인데, 2025년에는 고령자 5명 중 1명꼴인 약 700만 명으로 빠르게 늘어나리라고 한다. 이 수치는 의학적 진단이 내려진 치매 환자를 말하며, 미미한 치매 증상을 가진 잠재적 치매 환자까지 포함하면 그 수는 엄청나게 증가한다.

상황이 이렇다 보니, 유료 노인홈 · 복지용품 등 고령화에 특화한 토털 서비스를 제공하는 메디카루케아사비스 주식회사 등과 같은 기업에는 밝은 미래가 기대된다. 고령자들의 지출은 극단적일 수 있어서 주요 산업인 식품 및 의류 · 신발 등의 분야에는 필수적인 부분 외에는 소비를 하지 않는 반면, 간병 · 간호 및 의료 · 의약품에는 지출을 아끼지 않기 때문이다.

〈그림 13〉을 보면 잠재 및 현재 소비층이 꾸준히 감소하는 한편, 이제는 고령자가 시장을 주도해가는 뉴노멀 시대의 도래를 짐작할 수 있다. 가계소비지출이 감소하는 가장 큰 원인은 저출산 · 고령화의 영향으로 인구구조가 변화한 것이다. 가계소비지출(2인 가구 월

그림 13 | 일본 가계소비지출 추이

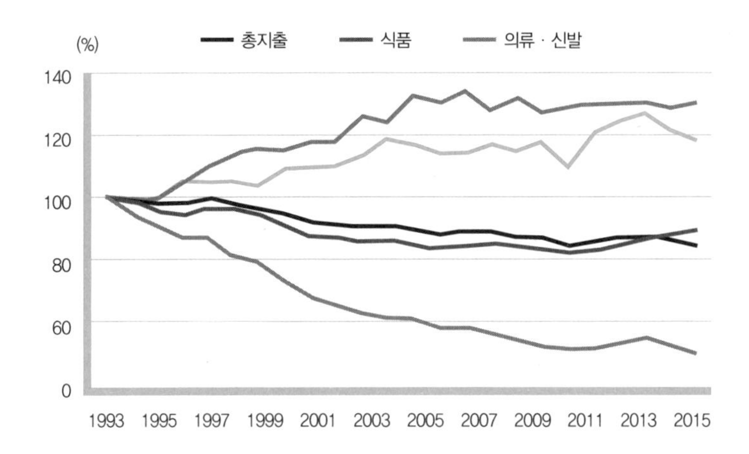

참고: 농림어업 가구를 제외한 결과
자료: 일본 총무성 통계국 홈페이지

평균, 농림어업가구 제외)은 1993년이 33만 5,246엔으로 가장 높은 수치였다. 하지만 2016년에는 28만 3,361엔으로 15.5%나 감소했다. 앞으로도 이 추세는 지속될 것으로 전망되며, 주요 소비지출 항목의 증감률은 고령화 인구의 증가와 맞물려 있다.

〈그림 13〉은 가계소비지출이 가장 많았던 1993년을 100%로 설정해, 총지출액과 눈에 띄는 증감을 보이는 주요 지출항목을 나타낸 것이다. 2016년에는 총지출액이 15.5% 감소했으며, 특히 식품과 의류 · 신발이 각각 10.3%, 50.9% 하락했다. 반면 보건의료(의약품 및 보건의료 서비스 등)와 교통 · 통신은 각각 30.9%, 18.5% 증가했다. 물론 이러한 선별 소비가 비단 고령자들에게서만 나타나진 않을 것이

다. 하지만 가계소비지출의 시계열적 추이를 보면, 고령자들이 시장의 주요 소비층이 돼 소비 대변혁을 일으키고 있다는 점은 자명해 보인다.

한편, 가계소비지출 추이와 밀접한 관련이 있는 또 한 가지가 소비세 인상이다. 흥청망청 불필요한 상품까지도 사들이던 소비자들은 버블 붕괴 후 거짓말처럼 합리적 소비 지향으로 돌변했다. 엎친 데 덮친 격으로 1997년에는 정부가 소비세를 5%로 인상하는 대사건이 발생했다. 이 사건은 혹한기에 진입한 일본 소비 시장을 더욱 얼어붙게 했다. 정말 필요한 상품 이외에는 지갑을 열지 않는 소비 침체기에 돌입한 것이다.

소비세 인상은 경기 침체를 극복할 수 있는 정부 차원의 비축 자금으로는 유용하다. 그러나 그 자금이 효과적인 경제 정책과 맞물리지 않는다면, 소비 위축과 이로 인한 기업활동의 악화가 발생할 것이다. 결국에는 또 다른 경기 침체라는 덫에 빠질 수도 있다. 경기 회복세를 보이던 2014년 4월에 정부는 소비세를 8%로 인상하는 과감한 정책을 폈다. 하지만 곳곳에서 소비세 인상이 기업 성장의 발목을 잡는다는 불만의 소리가 들린다.

단적인 예로, 국민 음료 오이오차Oi Ocha로 유명한 이토엔조차도 소비세 인상의 직격탄을 피하지 못했다. 이토엔은 2014년까지 30여 년 가까이 해마다 매출을 증가시켜온 몇 안 되는 기업 중 하나다. 하지만 그 성장엔진조차 2014년 소비세 인상에는 무릎을 꿇었다. 이토엔은 2015년 결산에서 매출액이 감소한 것에 대해 '소비세 인상으로 가격 탄력성이 높은 음료 판매량이 부진했다'고 설명했다.

상황이 이렇다 보니 소비세 인상을 통해 경기 부양의 자금을 마련한다는 아베노믹스 플랜에도 제동이 걸렸다. 2017년 4월부터 소비세를 10%로 인상할 예정이었으나 결국 2019년 10월로 연기했다. 이러한 혼란 속에 2019년 10월 소비세 인상이 어떤 파장을 일으킬지 누구도 예측할 수 없다. 지겨웠던 혹한기 탈출이 될지 아니면 잃어버린 30년, 40년이라는 또 다른 터널로 돌진할지 말이다.

제 2 장

불황기에도 성장하는 52개 일본 기업

경제 고도성장기에 일본 소비자는 고품질의 차별화된 제품을 선호하는 품질 지향이 두드러졌다. 그런데 1991년 버블경제 붕괴 이후에는 합리적 소비와 함께 가격 지향(또는 절약 지향)이 시장을 지배했다. 하지만 장기 불황이라고 해서 품질 지향 경향이 완전히 사라진다고 생각하는 건 오해다. 저성장 시대일수록 소비자는 가격은 물론 과거에 누렸던 품질도 중시한다. 이 오해가 많은 일본 기업에 실패를 안겼다.

이러한 현상을 고베대학교 명예교수인 타무라 교수는 '욕심쟁이 소비'라고 지칭했다(2006). 장기 불황을 겪으며 일본은 더 좋은 상품을 보다 값싸게 사려는 소비자들이 시장을 장악했다. 이들을 만족시킬 수 있느냐 없느냐가 기업 생존의 열쇠가 된 것이다. 당연하게도, 이들을 만족시키지 못하는 기업은 서서히 도태되어갔다. 2017년에 숨을 쉬고 있는 기업들로서는 마이클 포터(1985)가 30여 년 전에 말한 경쟁우위 원천인 비용 리더십과 차별화 중 한 가지 전략을 선택한다는 건 별 의미가 없는 듯하다. 지금은 미래에 대한 통찰력을 갖추고 소비자의 가격 지향과 품질 지향을 동시에 만족시킬 수 있는 가치혁신value innovation이 필요한 때다.

버블 붕괴 후 잃어버린 20년이라는 혹한기를 경험하고 있는 일본의 사례는 우리에게 많은 시사점을 던져준다. 즉, 일본의 경험을 타산지석으로 삼아 기업의 체질을 개선할 수 있는 절차탁마의 기회를 제공하기 때문이다.

그럼, 일본의 사례를 어떻게 분석할 수 있을까? 크게 두 가지 방법이 있다. 하나는 일본 장기 불황의 실체를 거시적으로 분석하거나 개별 기업의 경영난 등 실패를 중심으로 교훈을 만들어가는 방법이다. 그리고 다른 하나는 앞으로 다가올 위기에 대응하는 능력을 강화할 수 있도록 불황기 속에서 성장하는 기업의 DNA를 추출하여 조건을 제시하는 방법이다.

많은 연구자가 전자인 실패 사례를 중심으로 일본의 경험을 소개했다. 그 이유는 실패 사례를 소개하는 것이 독자들의 위기감을 높여 더욱 귀에 솔깃하게 들리도록 하기 때문이다. 더욱이 실패 사례는 전 산업에 걸쳐 수없이 존재하기에 설명하기에도 수월하다. 하지만 이 방법은 실패를 교훈으로 삼을 수 있으나, 그 교훈을 실제 기업의 전략에 적용했을 때 성공을 거둘 수 있느냐에 대해서는 명쾌한 해답을 내놓지 못한다.

따라서 본서는 지속 성장 기업에서 배우는 방법을 택했다. 즉, 시장에서 도태하는 기업이 하루가 멀다고 발생하는 경제 혹한기 속에 꾸준히 성장하는 기업은 어디인가, 그리고 이들 기업은 어떤 차별화된 성장 DNA를 보유하고 있는가를 검토해간다. 예를 들어 드럭스토어 산도랏구, 가구 전문점 니토리홀딩스, 슈퍼마켓 야오코, 디스카운트스토어 돈키호테홀딩스 등은 버블 붕괴 후 2014년 결산기까지 무려 23년간 증수증익(매출과 수익 모두 증가)을 달성했다. 특히 니토리홀딩스(2017년 2월), 야오코(2017년 3월), 돈키호테홀딩스(2016년 6월)는 최근 결산보고를 기준으로 각각 30년간, 28년간, 27년간 증수증익을 보였다. 저자들도 본서를 준비하면서 이들 기업의 경쟁력에 대해 마케팅 수업에서 사례로 자주 소개하곤 했다. 그러나 30년 가까이 증수증익이라는 폭발적인 재무성과를 달성해왔다는 점은 미처 몰랐다. 이들은 끊임없는 가치혁신을 만들어가는, 일본에서도 매우 희소한 불사조 기업들이다.

52개 기업, 어떻게 선정했나

우리는 일본의 장기 불황에서 매출이 지속적으로 개선되는 불사조 52개 기업을 선정했다. 이들 기업을 산업별로 정리한 것이 〈표 3〉이다. 여기서 성장 기업은 기업의 매출 성장률 지표를 가지고, 학술조사에서도 공신력 있는 닛케이NEEDS가 제공하는 사회과학정보 검색엔진을 통해 분석했다. 닛케이NEEDS는 기업 · 시장 · 경기분석을 위한 니혼케이자이신문사 디지털미디어국의 데이터 서비스다. 구체적으로 기업 및 금융기관의 재무 데이터, 국내외 매크로 경제 데이터, 주식, 지역경제 등의 다양한 경영 · 경제 수치 데이터를 제공한다.

본 검색엔진을 통해서는 일본의 주요 기업 6,286개 사의 재무 데이터를 분석할 수 있다. 닛케이NEEDS의 산업분류에 따르면 제조업과 비제조업은 각각 2,424사, 3,862사다. 비제조업은 도매업(상사) 629사, 소매업 437사, 물류업 181사, 서비스업 1,465사로 구성된다.

52개 기업을 선정하는 데에는 몇 가지 선별 기준이 있었다. 첫째는 1991~2014년이라는 선정 기간이다. 일본은 재무결산 시기가 기업마다 다르다. 일본의 행정기관, 대학 그리고 많은 기업이 그해 4

표 3 | 52개 사의 산업 · 업종별 리스트

산업분류	기업 리스트
제조업(10)	로쿠피루도(즉석조리식품), 와라베야니치요(즉석조리식품 · 샌드위치 · 벤토), 아리아케자판(조미료), 다이쇼(조미료), 에스케카켕(건축용 도료 · 자재), 로토세야쿠(의약품), 이토엔(음료), 호기메디카루(의료용품), 밀본(업무용 모발 제품), 렛쿠(생활잡화)
도매업(2)	PALTAC(화장품 · 일용품 · 일반의약품), 카토산교(종합식품)
소매업(31)	야오코(슈퍼마켓), 고베붓산(업무용 슈퍼마켓), 하로데이(슈퍼마켓), 이즈미(슈퍼마켓), 산에(슈퍼마켓), 바로홀딩스(슈퍼마켓), 마쓰모토키요시홀딩스(드럭스토어), 아인홀딩스(조제약국 · 드럭스토어), 야쿠오도(드럭스토어), 코스모스야쿠힝(드럭스토어), 산도랏구(드럭스토어), 소고메디카루(의료경영컨설팅, 조제약국), 세븐일레븐재팬(편의점), 로손(편의점), 훼미리마트(편의점), 미니스톱(편의점), 시마무라(의류), 유나이텟도아로즈(의류), 니시마쓰야체인(어린이 · 유아용품 및 의류), 스타토토데이(의류 온라인쇼핑몰), 한즈만(홈센터), 코메리(홈센터), 모노타로(공장용 간접자재 온라인쇼핑몰), 부쿠오후(헌책), 토레자파쿠토리(중고품), 와쿠만(작업용 의류 · 용품 · 용품), 돈키호테홀딩스(디스카운트스토어), 케즈홀딩스(가전양판점), 니토리홀딩스(생활잡화 · 가구), 야마야(주류), 후지코포레이션(자동차용품)
물류업(4)	하마쿄우렛쿠스(육운), 엔슈토랏쿠(육운), 토란코무(창고 · 운수), 사카이힛코시센타(이삿짐센터)
서비스업(5)	키치리(음식업), 쿠라코포레이션(100엔 스시), 도토루코히(음식점 · 커피숍), 메디카루케아사비스(유료노인홈), 라쿠텐(온라인 서비스)

참고: 기업 리스트는 주식회사 명칭을 생략했다. 이 책은 일본어 표기법을 준수하되, 예외적으로 기업명은 일본에서 불리는 발음에 최대한 가깝게 표기했다. 괄호 안은 주요 취급 업종 및 상품 또는 업태를 가리킨다.

월부터 이듬해 3월까지의 활동을 한 해로 친다. 산도랏구처럼 3월 결산이 많다. 그렇지만 산에 2월, 돈키호테 6월, 라쿠텐 12월 등 복잡하다. 저자도 일본 기업의 재무 데이터로 많은 분석을 하지만 결산 시기의 다양성을 해결할 수 없다. 그래서 단순하게 버블 붕괴 전년도와 비교하기 위해 1991년 결산을 시점으로 삼고, 본서를 계획한 시기(2015년 1월)의 최신 실적인 2014년 결산을 종점으로 삼았다. 이렇게 하여 23년간의 기업 재무 데이터를 분석하기로 했다. 무엇보다도 잃어버린 20년 동안 성장해온 기업을 발굴하는 것이 목적이었다.

둘째, 성장 기업은 개별결산 처리 방법을 우선하며 매출 성장률을 기준으로 삼았다. 매출액은 회사 영업활동의 결과지표다. 버블 붕괴 후 많은 기업이 매출액 감소를 겪으면서 마이너스 성장의 늪에 빠졌다. 본서에서는 지속 성장을 강조하며, 전년도 대비 매출액이 줄곧 플러스인 기업을 찾기로 했다.

하지만 이들 두 가지 기준을 달성하는 기업을 찾아내기는 무척 어려웠다. 기간이 23년이나 된다는 문제도 있고, 재무 데이터를 공개하지 않는 기업도 있었기 때문이다. 최종 52개 기업을 선정했는데, 구체적인 선정 과정은 다음과 같다.

첫째, 니토리홀딩스처럼 23년간 지속적으로 플러스 성장을 달성한 기업은 16개 사였다. 하지만 아쉽게도 23년간 지속 성장은 아니지만 맷집경영을 실천하며 많은 교훈을 주는 기업들이 있다는 것을 알게 됐다. 그래서 둘째, 23년간의 긴 세월을 고려하여 시마무라처럼 전년 대비 매출액 감소가 두 번 이내이고 그 외 기간은 플러스 성장을 지속한 기업을 추가했다. 이 조건에 속하는 곳이 22개 사다. 셋째, 한즈만처럼 1991년 이전에 설립했지만 재무 데이터는 1992년 이후부터 분석 가능한 기업들이 있었다. 2014년 결산을 기준으로 최근 10년 이상 매년 플러스 성장을 거둔 6개 사다. 마지막으로, 라쿠텐처럼 1991년 이후 설립했지만 그 후 전년 대비 매출액이 매년 플러스 성장을 거둔 8개 사다. 그 결과 총 52개 기업이 선정됐다.

그리고 가장 최근인 2016년 결산 실적을 추가로 검토해도, 이들 52개 기업의 지속 성장을 확인할 수 있었다. 참고로, 52개 사에 포함된 편의점 4개 사는 체인점 점포의 시계열 데이터를 공표하지 않는다. 하로데이 등과 같이 아예 유가증권보고서를 공개하지 않는 기업도 있다. 또한 야쿠오도와 같이 특정 기간의 재무 데이터가 비공개인 기업들도 있다. 이 기업들은 본사에 직접 문의하여 성장력을 확인했다.

한편, 한국에 더욱 잘 알려진 친숙한 기업 중 포함되지 않은 기업도 있다. 예를 들어 유니클로는 세 번 이상, 소니와 토요타는 각각 여덟 번씩 전년 대비 매출액이 감소했다. 물론 52개 사 이외에도 본서의 선정 기준에 들어맞는 기업이 존재한다. 닛케이NEEDS의 검색엔진에서 현존하는 모든 기업의 재무성과를 분석하기가 불가능하기 때문에 선정 대상에 포함되지 않았을 뿐이다. 또한 유가증권보고서를 공개하지 않는 기업도 존재하며, 공개하더라도 특정 연도 또는 기간의 재무 데이터가 검색되지 않는 기업도 종종 있기 때문이다. 하지만 까다로운 조건으로 엄선한 52개 기업의 성장력을 보았을 때, 잃어버린 20년 속에서 맷집을 키워온 비결을 분석하기에는 손색이 없다고 생각한다.

52개 성장 기업의 특징

불사조 기업으로 선정된 52개 사를 보면, 세 가지 특징을 발견할 수 있다.

첫째, 가히 폭발적인 성장력을 보여줬다는 점이다. 〈그림 14〉는 이들 기업의 매출액 및 영업이익 성장률의 추이를 나타낸다. 시계열 재무 데이터의 분석이 불가능한 편의점 4개 사와 하로데이를 제외한 47개 사를 대상으로 분석했다. 먼저, 2014년 결산에서 보고된 이들 기업의 매출액을 단순히 더하니 약 8조 8,952억 엔이었다. 1991년의 약 1조 208억 엔과 비교하면, 23년간 약 771%의 매출액 증가가 있었다. 2016년 결산까지 분석 시점을 확장하면, 최근 25년간 약 872%(약 9조 9,188억 엔)의 성장률이었다. 연평균 매출 성장률

그림 14 | 일본 성장 기업의 매출액 및 영업이익 성장률

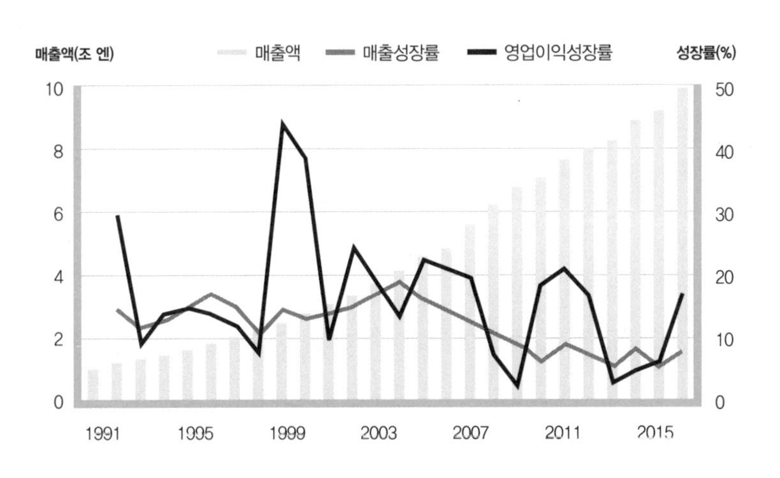

자료: 닛케이NEEDS
참고: 특정 기업의 재무수치가 전체에 미치는 영향을 최대한 줄이기 위해 각 연도의 성장률을 5% 평균조정법(5% trim mean)을 통해 도출했다.

을 보면, 23년간 연평균 12.6%의 신장을 기록했다. 2014년 8.3%의 증가세를 포함하여 최근 25년간은 매년 12.1%씩 성장했다.

이들 성장 기업은 매출액 규모뿐만 아니라, 내실경영을 통해 놀라울 정도의 수익성을 동시에 달성하고 있었다. 23년간 연평균 16.8% 성장률이었다. 2014년의 전년 대비 영업이익 성장률 5.0%를 포함하여 최근 25년간은 16.4%였다.

둘째, 소매업이 31개 사나 포함되어 있다는 점이다. 기업 경영의 패러다임이 '제품 지배 논리goods-dominant logic'에서 '서비스 지배 논리service-dominant logic'로 전환되고 있다는 Vargo and Lusch(2004)의 지적과 일맥상통한다고 볼 수 있다. 최근 마케팅 패러다임을 바꾸고 있는 이 논리에서는 서비스를 제품에 대비되는 개념으로 설정하고, 고객과 함께 가치를 창조해가는 관점을 강조한다. 소매 기업은 제조업이나 도매업을 영위하는 기업과 달리 최종 소비자와 직접적인 접점을 갖고 있다. 그러므로 시장 트렌드나 경쟁사의 정보를 수집 · 분석하는 데 유리하며 소비자와 시장의 변화에 가장 민첩하게 대응할 수 있다. 최종 소비자와의 끊임없는 커뮤니케이션을 통해 기존 경쟁자들에게 부족했던 가치를 제공하는 혁신자로서의 지위를 보다 수월하게 차지할 수 있다.

예를 들어 〈도요케이자이〉 온라인 편집부가 2016년 여름에 발표한 '증수증익 톱 260사' 순위를 보면 소매업의 위력이 실로 대단함을 확인할 수 있다. 이 조사에서 최근 10년 이상 연속으로 증수증익한 기업 수는 23개였다. 이 중 소매업이 11개 사로 절반 가까이나 됐다. 앞서 언급한 니토리, 야오코, 돈키호테 외에 로손, ABC마트, 스타토토데이 등이다. 서비스업 또한 5개 사로 약진을 보였다.

셋째, 지방에 있는 기업들이 많다는 점이다. 52개 사 중 28개 사는 일본의 3대 도시(도쿄, 오사카, 나고야)가 아닌 지방에 본사를 두고 있다. 니토리홀딩스와 같이 홋카이도 출신 기업으로 그곳에 본사를 두면서 도쿄에도 본사를 설립한 3개 사를 합치면, 31곳이나 된다. 한국은 웬만한 기업이면 거의 서울에 본사를 두고 있지만, 일본은 전혀 다르다. 지역에 따라 문화가 다르고, 그 문화가 기업의 성쇠를 좌우한다. 앞서 제시한 〈표 3〉의 소매업 중에서도 가장 많은 업태가 슈퍼마켓(6개 사)이다. 이들의 공통점은 전국구가 아니라 특정 지역에 도미넌트 출점을 하고 있다는 점이다. 그중에서도 산에는 최강의 지역 전문가다. 오키나와 현에서 산에를 넘보는 기업은 없다. 드럭스토어업계 부동의 1위인 마쓰모토키요시나 편의점업계 2위인 로손도 오키나와 현에 출점할 때는 협력적 파트너로서 산에의 도움을 받는다. 이처럼 일본에서 이른바 잘나간다는 기업들은 특정 지역에 거점을 두고, 그것을 발판으로 사업 시장의 영역을 확장해가는 지역밀착경영을 한다. 이런 경영은 그 지역의 고용을 창출할 뿐 아니라 훌륭한 지방세 세수원으로서 지역사회에 공헌한다.

제 3 장

뉴노멀 시대 5개의 성장엔진

가치혁신자로 대표되는 52개 기업의 지속 성장 비결을 분석한 결과 다섯 가지 공통점을 도출할 수 있었다. 첫째 고객 친화적인 영업력 Salesmanship, 둘째 차별화된 가치를 제공하는 전문성Expertise, 셋째 높은 수준의 직원 결속력Employee Engagement, 넷째 고객에게 신뢰받고 존경받는 사회적 친화력Social Responsibility, 그리고 다섯째 고정관념에 사로잡히지 않고 미래 통찰력을 보여주는 역발상Out of the Box Thinking이다. 이들 기업은 무엇보다 저성장 시대에도 안정적인 수요를 확보하기 위해 자신들만의 해답을 찾아내 성장 기회를 붙잡았다.

반대로, 이 다섯 가지 성장 DNA를 발굴하고 육성하는 데 소홀한 기업들은 생존에 실패했다. 지난 20여 년간 각 산업 및 업계에서

표 4 | 실패와 성공 사례로 본 5가지 성장 DNA

성장 DNA	대표적인 실패기업	52개 성장기업
고객 친화적 영업력	후지산쇼카이	한즈만, 쿠라코포레이션, 와라베야니치요, 라쿠텐, 니토리홀딩스, 렛쿠, 세븐일레븐재팬, 야마야, 다이쇼, 하로데이, 미니스톱, 아리아케자판, 코스모스야쿠힝, 사카이힛코시센타, 엔슈토랏쿠, 에스케카켕, 이즈미, 카토산교, 토란코무
전문성	다이에	이토엔, 시마무라, 산에, PALTAC, 고베붓산, 마쓰모토키요시홀딩스, 모노타로, 소고메디카루, 후지코포레이션, 메디카루케아사비스, 도토루코히,
직원 결속력	와타미	야오코, 하로데이, 하마쿄우렛쿠스, 유나이텟도아로즈, 한즈만, 시마무라, 토레자파쿠토리, 스타토토데이
사회적 친화력	일본맥도날드	야쿠오도, 야마야, 메디카루케아사비스, 와쿠만, 쿠라코포레이션, 이토엔, 아인홀딩스, 바로홀딩스
역발상	샤프	밀본, 키치리, 로토세야쿠, 산도랏구, 로쿠피루도, 케즈홀딩스, 니시마쓰야체인, 돈키호테홀딩스, 부쿠오후코포레이션, 코메리, 로손, 훼미리마트, 스타토토데이, 호기메디카루

최고의 시장점유율을 자랑하던 기업들이 허무하게 무너져가거나, 엄청난 위기에 처해가는 것을 우리는 수없이 목격해왔다. 독자들에게 친숙한 후지산쇼카이(가공식품 도매업), 다이에(슈퍼마켓 소매업), 와타미(음식 서비스업), 일본맥도날드(음식 서비스업), 샤프(가전제품 제조업) 등 5개 기업이 대표적인 실패 사례다.

3장에서는 다섯 가지 성장 DNA와 5개 기업의 실패 사례가 주는 교훈을 대비해보면서 과거, 현재, 미래의 기업에 던지는 중요한 메시지를 찾아볼 것이다. 〈표 4〉는 독자의 이해를 돕기 위해 다섯 가지 성장 DNA에 따라 5개 사의 실패 사례와 52개 사의 성공 사례를 정리한 것이다.

고객 친화적인 영업력(Salesmanship)

- 고객이 원하는 바를 철저하게 이해하고 실천하는가?
- 고객은 우리 회사와의 거래를 '와우WOW' 경험으로 느끼는가?

일본에서는 영업만 잘하면 먹고살 수 있다고 할 정도로 영업의 위상이 상당히 높다. 최근 영업 관련 학술연구도 왕성하게 이뤄지는데 적응적 판매, 솔루션 판매, 챌린저 판매 등 다양한 방법론이 논의되고 있다. 이 방법론들은 용어상 차이는 있을지언정, 개별 고객의 니즈를 철저하게 이해하고 자신들만의 차별화된 솔루션을 제공하기 위해 기민하게 대처해야 한다는 점에는 이견이 없다. 고객 친밀성과 전문성

그림 15 | 고객 친화적인 영업력

은 저성장 시대 영업력을 강화하는 핵심 요인이다.

고객 친밀성이란 고객을 진정으로 이해하여 소통하는 능력이다. 즉, 경쟁이 치열한 상황에서 단순히 제품의 질이나 가격만 내세우지 않고 소비자들이 브랜드에 우호적인 감정을 갖도록 하는 게 중요하다는 얘기다. 이를 위해서 제품뿐만 아니라 고객의 가려운 곳을 긁어주는 서비스를 같이 판매하거나 감성적인 가치에 호소하는 기업이 여럿 발견됐다.

반면교사로 삼을 만한 대표적인 사례로 후지산쇼카이를 들 수 있다. 이 기업은 아이스크림 도매에서 한때 일본 시장의 20%를 점유하는 등 일본 최대의 도매상 중 하나였다. 1953년 창업한 후지산쇼카이는 식품 원재료 · 아이스크림 · 냉동식품 · 업무용 가공식품을 취급하던 도매업자였다. 모리나가뉴교의 전국 총대리점으로 편의점, 슈퍼마켓, 생활협동조합 등 일본 전역에 물류 네트워크 및 판매망을 확립하며 꾸준히 성장해왔다. 그러나 버블 붕괴 후 개인 소비 침체와 저출산, 디저트 상품군의 다양화로 주력 상품이던 아이스크림의 수주가 부진해졌다. 특히 대형 거래처였던 마이카루의 파산과 다이에의 경영불안설이 현실화되면서 그들과의 거래가 힘들어졌다. 게다가 로손에서도 자사 브랜드PB: Private Brand를 투입하는 방침을 내세워 거래 중지를 통보했다. 이처럼 아무런 손도 써보지 못하고 단기간에 주요 대형 거래처를 잃고 말았다. 또한 2003년에는 장마가 길어져 주력 상품인 아이스크림 관련 매출이 뚝 떨어졌다. 소비자의 니즈는 물론이요, 시대의 흐름에 따라 거래처의 움직임을 능동적으로 파악하지 못한 것이다.

실적 부진을 더는 견디지 못한 후지산쇼카이는 2003년 10월 2일 민사재생법에 기초한 기업 재건을 신청했다. 당시 부채총액이 약 630억 엔이었다. 민사재생법 적용 신청 후, 금전적인 면에서는 주력 거래은행인 UFJ은행(현 미쓰비시도쿄UFJ은행) 등에서 융자(DIP파이낸스)를 받고, 사업 재생 면에서는 기업매수펀드 MKS파토나즈의 지원을 약속받았다. 하지만 대기업, 중견 판매 거래처와의 잇따른 거래 중지가 악몽처럼 또다시 발생했다. 상품 구매처로부터 협력을 얻지 못하게 되자 MKS파토나즈마저 지원을 철회했다. 결국 자금의 융통이 곤란해져 같은 해 11월 8일에 사업정지를 발표했다. 안타깝게도 당시 900명의 종업원에게 해고 통지를 보내야 했다.

지속 성장 기업은 고객이 진정으로 무엇을 원하는지, 그들의 니즈를 철저히 분석해 올바른 솔루션을 제공함으로써 높은 수준의 영업력을 보유한다. 예를 들어, 다이쇼는 거래처 고객의 주문을 절대 책상 앞에 앉아 기다리지 않는다. 그들의 영업은 언제나 현장인 시장에서 시작된다. 상품의 기획 및 주문부터 상품의 진열 제안, 메뉴나 레시피의 제안, 계절에 따른 매장 인테리어까지 현장에서 직접 발품을 판다. 가정용, DIY^Do It Yourself^용 공구나 재료를 판매하는 홈센터 한즈만은 장화 한 짝, 못 하나 등 다른 곳에서는 결코 팔지 않는 사소한 물건까지 낱개로 판매한다. 세븐일레븐재팬은 고객의 목소리^voice of customer^를 실시간으로 생생하게 파악하기 위해 아르바이트 학생이나 파트타이머 아주머니에게도 그 지역에 대해 묻고, 그 정보를 바탕으로 점포 연출 및 발주 기획을 끊임없이 수정해간다.

차별화된 가치를 제공하는 전문성(Expertise)

- 해당 산업에서 제품혁신기업으로 평가받고 있는가?
- 해당 시장에서 우리 기업은 최고 전문가나 역량을 확보하고 있는가?

영업력을 뒷받침하는 것이 바로 전문성이다. 소비자들에게 특화된 가치를 제공해줄 수 있는 제품을 생산하고, 이를 위해 개발 · 물류 · 사후관리에서 경쟁사들이 따라올 수 없는 차별화된 역량을 보유해야 한다.

무리한 사업 확장으로 본업인 슈퍼마켓의 전문성을 발휘하지 못한 다이에 사례를 보자. 다이에는 백화점이 소매업의 왕자로 군림하던 1970년대에 소매업 역사에 남을 대사건을 만든 장본인이다. 값싼 식품을 팔던 슈퍼마켓 다이에가 미쓰코시백화점을 가볍게 제치고 소매업계 매출 넘버원이 된 것이다. 다이에는 창업 15년, 미쓰코시는 창업 300년이 된 1972년의 이야기다.

다이에는 전국적으로 슈퍼마켓 및 종합슈퍼를 운영하는 외에 하와이의 알라모아나 쇼핑센터부터 프란탄 긴자, 로손, 프로야구 후쿠오카다이에호크스(현 후쿠오카소프트뱅크호크스), 또 신용카드인 OMC카드나 호텔 등 거의 모든 소매 업태에 걸쳐 계열사를 거느린 유통 공룡 기업이었다. 심지어 다이에 창업주인 나카우치 씨는 사재로 유통과학대학까지 설립했다. 1994년에는 매출 2조 엔을 넘는 규모로 성장했다. 다이에는 처음부터 끝까지 공격적인 확장 전략을 선호했다. 점포용 토지나 기업을 사 모았고, 그 자산가치의 상승을 예측해 은행에서 많은 대출을 받아 또 다른 사업을 위한 자금으로 투자했다.

고도성장기에는 그 확장 전략이 누구나 부러워할 정도로 좋은 결과를 만들었다. 그러나 이 과대 투자는 한순간에 족쇄가 돼버렸다. 버블 붕괴와 함께 재무 안정성이 크게 훼손됐고, 장기적인 경기 침체로 수익력도 급속히 나빠졌다. 그 결과 2004년에는 이자를 내야 하는 부채 금액이 2조 엔을 넘어서는 등 실질적인 경영파탄에 빠졌다. 그 후 세 번에 걸친 금융 지원이 있었고 산업재생기구로부터도 지원을 받아 마루베니와 이온 밑에서 재생을 목표로 해왔다.

하지만 안타깝게도, 본업인 슈퍼 사업의 차별화에서는 전문성이 발휘되지 못하는 상황이었다. 구조개혁이 불완전하다는 점뿐 아니라, 과거 관련성이 없는 분야까지 사업을 다각화한 결과였다. 당연히 고객 이탈을 막기에는 터무니없이 부족했다. 신선 상품의 상품력은 무엇보다 중요하며, 슈퍼의 생명선이라고까지 말한다. 그러나 그들은 저성장 시기일수록 고객이 값싼 상품을 원한다고 판단하고, 자신을 업계 넘버원으로 만들어주었던 저가격 추구 방식에 더욱 박차를 가했다. 결국 뼈를 깎는 개혁을 통해서도 변한 것은 없었다. 전문성이란 하루아침에 이룰 수 있는 게 아니기 때문이다. 기업 재생을 위한 대대적인 외부 지원과 내부개혁이 진행됐지만, 다이에의 경영성과는 참담했다. 결국 다이에는 2015년 이온 그룹의 완전 자회사로서 슈퍼 사업부문의 일원이 됐다.

힘들게 확보한 고객을 최대한 만족시켜 그들을 영원한 팬으로 만들려면 본업에서의 전문성이 절대적으로 필요하다. 저성장 시대일수록 차별화된 가치를 제공해줄 수 있는 전문성을 갖췄느냐가 더욱 중요해진다. 그러한 능력을 한껏 발휘하는 기업들이 있다.

이토엔은 음료 제조업자로서 전문성의 진가를 제대로 발휘하고 있다. 1980년 세계 최초로 우롱차를 캔에 넣어 판매했고, 1982년에는 찻잎업계 최초로 포장팩 차에 제조일자 및 소비기한을 표시했으며, 2000년에는 가열 페트병에 든 차음료를 판매하는 등 반세기가 넘도록 일본의 차음료에만 몰두해왔다. 1898년 창립한 PALTAC은 소매업체와의 거래에서 타사와 차별화되기 위해 SPIEC라는 독자 개발한 피킹 무선카트를 만들었다. 낱개 단위로 월간 900만 개 이상의 상품을 처리하지만, 그 납품 정밀도는 99.999%에 이른다. 이 정도 되면 소매업자는 납품된 상품을 검사하는 등 번거로운 절차를 줄일 수 있고, 누구보다도 납품이 정확하다는 신용이 더욱 높아진다. 일본 최대의 식품 제조 · 판매 일체형 기업인 고베붓산은 업무용 슈퍼체인(한국의 식자재 마트) 사업을 전개하는데, 그 출점 속도가 편의점을 능가할 정도로 무섭다. 제조업이 운영하는 프랜차이즈 본부라는 독특한 기법을 통해 가맹점에는 일본 최초로 '구입금액 1%'라는 가장 낮은 가맹점 로열티만을 받기 때문이다.

높은 수준의 직원 결속력(Employee Engagement)

- 내부 고객인 직원들을 사랑하며 존경하고 있는가? 그리하여 동종업계에서 '일하기 좋은 회사'로 평판이 나 있는가?
- 우리 회사는 직원들의 개성이 살아 있고, 긍정적인 커뮤니티가 활성화되어 있는가?

영업력과 전문성을 확보하기 위해서는 직원들의 자발적이고 적극적인 참여와 결속이 중요하다. 그런데 이는 인수합병M&A이나 대규모 투자를 통해 얻을 수 있는 것이 아니다. 경영진의 의사결정에 따라 톱다운 식으로 확보할 수 있는 역량도 아니다. 기업을 둘러싸고 있는 모든 이해관계자 그룹과의 지속적인 커뮤니케이션과 공감에 유일한 답이 있다.

영국 맨체스터 비즈니스스쿨MBS의 게리 데이비스Gary Davies 교수가 말하는 기업 명성은 호의적인 기업 이미지로부터 실현되는 가치로, 기업의 모든 이해관계자가 기업에 대해 가진 관점 및 평가를 가리킨다. 기업 명성은 조직의 무형자산 중 가장 큰 비중을 차지하는데, 특히 다수의 일반인을 상대하는 서비스 조직에선 더욱 중요하다. 맨체스터 비즈니스스쿨 명성연구팀의 연구 결과 명성을 돈으로 환산해보니 한 기업의 연간 매출액 절반 수준으로 나타났다. 문제는 이 수치를 재무상태표나 손익계산서에 올릴 수도 없고, 이 자산을 관리하는 예산도 없다는 것이다. 그러나 명성의 가치는 현실적으로 엄연히 존재하기 때문에 명성관리는 필수적이다.

명성과 재무성과의 관계를 볼 때 서비스 기업을 둘러싼 집단 중 종업원과 고객이 가장 중요하다. MBS의 연구에 따르면 회사에 대해 종업원들이 고객보다 더 높은 평가를 할 때 이듬해 매출이 약 24% 증가하는 것으로 조사됐다. 그러나 반대로 종업원들이 고객보다 더 낮은 평가를 한 경우 매출이 24% 감소할 수도 있다고 나타났다.

기업이 강력한 명성을 구축하는 방법은 브랜드를 관리하는 것과 비슷하면서도 차이가 있다. 광고를 통해 브랜드 이미지와 매출을 증가시킬 수 있지만 문제는 회사를 브랜딩할 때 현실을 도외시하고 광고를 지나치게 하면 역효과가 날 수도 있다는 것이다. 고객의 기대수준이 높아져 현실과의 갭이 커지면서 기업 이미지가 오히려 더 나빠지고 명성이 추락할 수도 있다. 따라서 명성관리는 회사 내부에서 시작해야 한다. 고객은 종업원들이 생각하고 행동하는 그 가치를 통해 기업의 이미지를 형성하고, 이로써 명성이 구축된다.

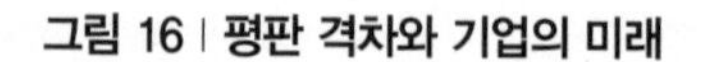
그림 16 | 평판 격차와 기업의 미래

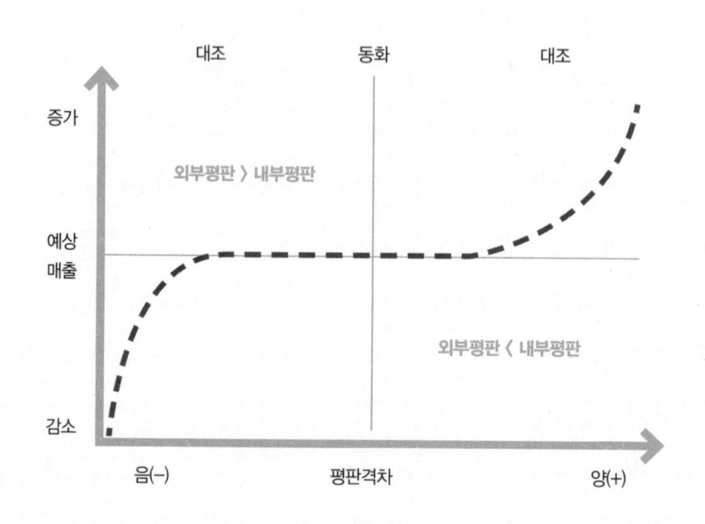

자료: Gary Davies and Rosa Jun(2010), "Reputation gaps and the performance of service organizations", Strategic Management Journal

종업원 관점이 중요하기 때문에 명성관리는 기업의 진정한 가치가 무엇인지를 알아야 한다. 한 사례로 젊은 엄마들을 타깃으로 하는 뉴룩New Look이란 패션 매장이 있다. 이곳은 느슨한 매장 분위기를 소중한 가치로 여겼다. 이는 회사 창립자의 개인적 가치로부터 시작된 것인데, 종업원들이 이런 느슨한 분위기를 실제로 중요하게 생각하는 매장일수록 매출이 더 많았다. 한마디로 종업원의 결속을 나타내는 내부 브랜드의 강화가 미래 성장의 중요한 포인트가 된다는 얘기다.

최종 소비자(외부 고객)의 만족은 고객가치를 고민하고 창조하고 전달하는 종업원(내부 고객)의 만족이 없이는 실현되지 못한다. 종업원을 노동 착취의 대상으로 여기는 순간, 그 기업은 블랙 기업으로 낙인 찍힐 것이다. 일본 최대의 외식 사업을 운영하는 와타미는 근로자를 혹사한다는 나쁜 평판이 굳어지면서 매출은 물론, 힘들게 쌓아온 기업 명성을 다 깎아먹고 있다.

1984년 창립한 와타미는 1992년에 이자카야(일본식 술집) '와타미'를 개발했다. 그 후 와타미를 중심으로 한 외식업이나 도시락 택배 사업, 노인 돌봄 서비스, 농업 관련 사업 등 복수의 사업을 왕성하게 전개해왔다. 2016년 4월 기준으로 국내외 외식 사업에 583개의 점포, 택배 사업에 539개 영업소를 운영한다. 원래 인건비나 원재료를 업계 최저 수준으로 유지하면서 제품 가격을 낮추는 전략을 병행하여 점포 수 늘리기에 성공해온 기업이다. 와타미는 한마디로, 디플레이션 시대의 승자라고 불려왔다.

그러나 세상을 떠들썩하게 한 사건이 발생했다. 그 사건으로, 종업원을 혹사해놓고 응당한 죗값을 치르지 않는다고 여론의 몰매를 맞고 있다. 와타미가 한순간에 블랙 기업이 된 것은 신입사원이 과로로 자살한 사건이 계기가 됐다. 사건의 발단은 2008년으로 거슬러 올라간다. 와타미에 입사한 26세 여성 사원이 입사 2개월 후 유서에 노동 착취를 이유로 밝히고 자살했다. 이 여성은 입사 직후 연일 새벽 4~6시까지 조리 업무 등을 담당하는 것 외에, 휴일에도 오전 7시부터 아침 연수회나 자원봉사활동, 보고서 집필 등의 업무를 부당하게 강요당했다고 한다. 결국에는 혹독한 노동 착취를 견디지 못하고 입사 2개월 만에 자택 근처의 맨션에서 뛰어내린 것이다.

유족들은 재판에서 진상 규명과 당시 최고경영자인 와타나베의 사과를 요구했다. 하지만 그는 그 사과 요구에 일절 응하지 않았다. 오히려 그런 사실이 없다고 완고하게 부정했다. 이전에도 그의 발언은 각종 언론에서 화젯거리가 되곤 했다. 예를 들어, 2006년 닛케이 스페셜 '캄부리아 궁전(테레비도쿄)'에 출연했을 때는 "최근 젊은 사람들은 '그건 무리입니다'라고 입버릇처럼 말하죠. 하지만 설령 무리일지라도 코피가 터지든 쓰러지든 죽을 각오로 일주일만 하면 다들 해낼 수 있습니다. 도중에 그만두니깐 무리한 일이 돼버리는 것입니다"라고 말해 국민의 분노를 샀다. 또한 2013년에는 와타미 그룹 이념집에 수록됐던 "부하에게. 365일 24시간 죽을 때까지 일해! 할 수 없다고 말하지 마라"라고 적힌 사내문서 내용이 잡지 〈슈칸분슈〉에 게재되는 일도 발생했다.

상황이 이 정도로 심각하다 보니 소비자들의 불매운동이 일어났고, 주력 사업인 이자카야에서 고객이 급격히 이탈하는 도화선이 됐다. 채용 면에서도 2014년 대졸 사원 채용이 계획의 절반에 그치는 정도였다. 당연히 실적도 악화됐다. 2015년 12월에는 중요한 수익원이던 간호 · 간병 사업을 매각했다. 또한 2014년 100개, 2015년 72개 등 점포를 대량으로 폐쇄하기도 했다. 더욱 놀라운 것은 표면상으로 '와타미'와 결별을 선언하고 있다는 것이다. 즉, 기존의 와타미 간판을 내리고 '미라이자카', '산다이메 토리메로' 등 와타미를 연상케 하지 않는 점포명으로 변경하고 있다. 블랙 기업에 대한 연상을 소비자의 머릿속에서 인위적으로 지워버리겠다는 속셈이다.

현재 자유민주당 소속의 참의원 국회의원이기도 한 와타나베는 2015년 12월 8일, 사건이 발생한 지 7년 만에 처음으로 과로로 인한 자살임을 인정하고 유족에게 사과를 표명했다. 종업원을 기업이 성장하는 데 단순한 도구로 취급한다는 사회적 비난을 더는 견디기 어려웠기 때문이다.

이에 반해 지속 성장 기업은 외부 고객만큼이나 내부 고객인 종업원을 사랑하고 존경하는 마음이 투철하다. 기업이 성장하는 데 종업원의 결속이 필수적이라는 단순한 진리를 잘 알고 있기 때문이다. 직원들의 회사에 대한 충성, 자발적인 업무수행 등 직원들의 업무 몰입이 핵심 조건이다. 하로데이는 '일본에서 제일 일하기 좋은 회사가 되자'를 경영이념으로 삼고 있다. 카지 사장은 조회가 끝나면 각 매장을 돌며 직원을 만나고 악수하고 칭찬하면서 하루를 보낸다. 2007년 8월, 유나이텟도아로즈는 당시 1,200명이나 되던 아르바이트생을 모두 정사원으로 채용했다. 창업 이래 줄곧 강조해온 판매원의 사회적 지위 향상을 실현하기 위해서였다. 야오코의 종업원에 대한 감사 표현은 더 파격적인데, 시간제 종업원에게도 결산 상여금을 지급한다. 매출액 경상이익이 4%를 넘으면 그 일정 금액을 시간제 종업원에게 상여금으로 지불하고 있다. 유니클로의 천적인 의류 전문 소매 기업 시마무라는 주부 시간제 사원들을 따로 'M사원'으로 분류하고, 이들을 위해 매장 운영 시간을 오전 10시부터 오후 7시까지로 정했다. 그들의 생활 스타일에 최적화된 근무 조건을 제시하기 위해서다. 그리고 M사원들에게도 정규직 근로자와 유사하게 근무 평가, 보너스, 퇴직금 제도를 제공한다.

신뢰받고 사랑받는 사회적 친화력(Social Responsibility)

- 우리는 세상을 더 나은 곳으로 만들고 있는 회사인가?
- 우리 회사는 업계는 물론 지역사회에서도 존경받는 조직인가?

저성장기 일본에서는 가격 경쟁이 격화되면서 품질, 위생, 협력처와의 관계 등에서 문제가 불거질 여지가 훨씬 커졌다. 경기 침체로 인한 사회적 불만이 쉽게 기업으로 번져 치명적인 타격을 가할 수 있는 경제 상황이다. 최근 일본맥도날드는 안이한 윤리경영이 여론의 몰매를 맞으며, 고객과도 결별 절차를 밟고 있다.

2014년 7월, 일본맥도날드의 간판메뉴 중 하나인 치킨너겟에 대한 위생 문제가 제기됐다. 2002년부터 중국의 한 식품 공장에서 치킨너겟을 조달해왔는데, 그 공장이 소비기한이 훌쩍 넘은 치킨을 사용하고 있었던 것이다. 일본맥도날드는 즉시 해당 상품의 판매를 중지했으나, 어처구니없게도 일부 점포에 한해서였다. 게다가 위생에 대해 불안해하는 고객의 목소리는 아랑곳하지 않고 3일 만에 판매를 재개했다. 한편, 임원진의 윤리의식도 비난의 도마 위에 올랐다. 사라 카사노바 사장은 사건 발생 약 10일 후에야, 그것도 상반기 결산을 보고하는 회견 자리에서 위생 문제에 대해 처음으로 입을 열었다. 그녀는 소비자에게 사죄하기는커녕 이렇게 말했다.

"한 도시의, 한 공급업자의, 악의를 가진 몇 명의 종업원에 의한 사건이다. 우리도 속았고 상당히 분노하고 있다."

기업이 피해자 코스프레를 한 것이다. 설상가상으로, 소비자의 분노가 채 가라앉기도 전에 또 다른 위생 문제가 발생했다. 2015년

1월 치킨너겟에서 비닐조각, 프라이드 포테토에서 사람의 이빨, 선데이초콜릿에는 조리기기의 파손된 부품이 나온 것이다. 이 중에서 원인이 명확하게 된 것은 선데이초콜릿뿐, 나머지 이물질 사건은 원인조차 규명되지 않은 채 끝나버렸다. 이 사건들에 대해 일본맥도날드는 식중독 등의 문제와 달리 공표할 필요도 없다고 판단하고, 관련된 고객과 개별적으로 대처한다고 했다. 언론의 비난을 받자, 같은 해 7월 사죄회견을 열었다. 그러나 카사노바 사장은 출장 중이라는 이유로 회견에 불참했고, 일본인 임원 2명이 그 자리를 대신했다. 하지만 사죄회견임을 망각했는지 진심 어린 사죄와 사건들의 원인 규명에 대한 의지는 찾아볼 수 없었다. 대신 "고객으로부터의 (이물질 혼입) 제기는 이번 이외에도 있었다"라거나 "보건소, 고객에 대한 조치는 적절했다"라고 하는 등 변명으로 일관했다.

일본맥도날드는 사건 직후인 2015년 1월부터 10월까지 79개 점포를 폐쇄하고, 인건비 절감을 위해 조기 퇴직 신청을 받는 등 실적 악화를 최소화하려고 안간힘을 쏟았다. 그러나 특히 패밀리층을 비롯한 고객들은 이미 등을 돌린 상태였다. 2015년 12월 본 결산에 따르면, 당기순손실이 347억 엔으로 창업 이래 최악을 기록했다. 상황의 심각성을 인식한 미국 본사는 소유하고 있는 49%의 일본법인 주식을 매각하는 방침도 세웠다. 하지만 한번 무너진 기업 명성은 회복하기 힘들다. 일본맥도날드를 넘겨받으려고 하는 기업은 아직 아무도 없다.

저성장기에는 차별화된 기업 명성을 유지하고, 기업을 둘러싼 사회 구성원 전체와의 결속을 통해 위기 상황에 대응하는 능력이 매

그림 17 | '사랑받는 기업'의 스파이스(SPICE) 모델

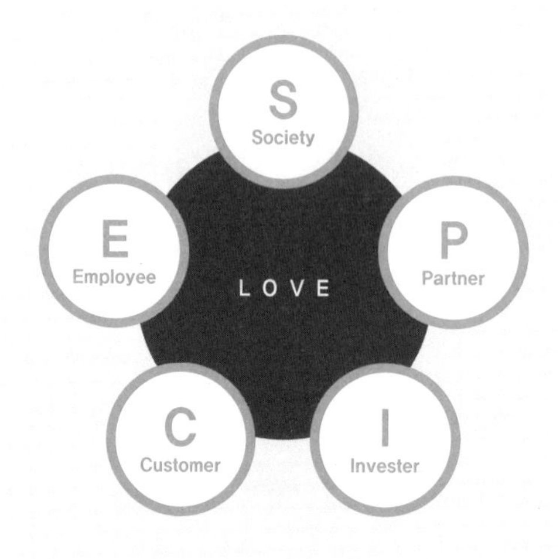

참고: '사랑받는 기업'은 라젠드라 시소디어(Rajendra Sisodia) 벤틀리대 교수가 처음 주창해 세계적으로 확산되고 있는 미래형 기업 모델로, '스파이스(SPICE)' 모델이라고도 부른다. 스파이스는 기업의 모든 이해 당사자를 묶은 개념으로 S는 사회(Society), P는 협력업체(Partner), I는 투자자(Investor), C는 고객(Customer), E는 직원(Employee)을 의미한다. 맛있는 음식에는 좋은 양념이 필요하듯, 성공적인 기업이 되기 위해서는 SPICE 모두의 이익이 조화롭게 어우러져 시너지를 내야 한다는 의미를 담고 있다.

우 중요하다. 기업으로서 사회적 책임을 다하는 윤리경영을 통해 사업 모델 자체의 지속 가능성을 확보해야 한다.

1996년 아인홀딩스의 조제약국에서 조제 실수가 발생해 〈홋카이도 신문〉 석간 1면에 실리는 사건이 있었다. 알약 자동 분포기의 충전 실수로 아다라토L(성분명: Nifedipine) 10mg을 20mg으로 조제해 30명 정도에게 투약한 것이다. 아인홀딩스에서는 즉시 깊이 사죄하고 재발 방지를 천명하며 모든 조치를 동원했다. 이 사건 이후

20년이 지난 지금까지 오타니 사장은 회의 때마다 이렇게 강조한다. "약국에 가장 중요한 것은 안전이다."

쿠라코포레이션의 다나카 사장은 스시를 비롯한 모든 식품에 인공적인 화학 첨가물을 절대 넣지 않고 좋은 품질만을 사용하겠다고 천명하고 변함없이 실천하고 있다. 의료 노인홈 및 복지용품을 판매하는 메디카루케아사비스는 사회적 약자를 먼저 생각한다. 예를 들어 치매에 대해 자사가 축적해온 방대한 경험과 노하우, 정보를 치매와 간호 분야에서 필요로 하는 사람들에게 무료로 제공하고 있다. 한 걸음 더 나아가서, 장애인들로 구성된 하트풀이라는 회사를 만들어 장애인의 고용을 촉진하고 사회생활을 지원한다. 드럭스토어 야쿠오도는 좋은 상권을 마다하고, 상권 인구가 7,000명도 채 안 되며 그것도 65세 이상이 40% 가까이 되는 낙농 마을에 점포를 낸다. 고령자 등 쇼핑에 어려움을 겪고 있는 시골 지역 주민의 불편을 조금이라도 해결해주기 위해서다.

틀을 깨는 창의적 역발상(Out of the Box Thinking)

- 우리 회사는 '다른 회사와 다르게 사고한다'고 자부할 수 있는가?
- 우리 회사 문화는 실패를 용인하고 과감하고 새로운 시도를 권장하고 있는가?

성장 기업에서 찾을 수 있는 또 다른 특징은 '눈에 보이지 않는 미래

그림 18 | 거꾸로 보는 세계지도

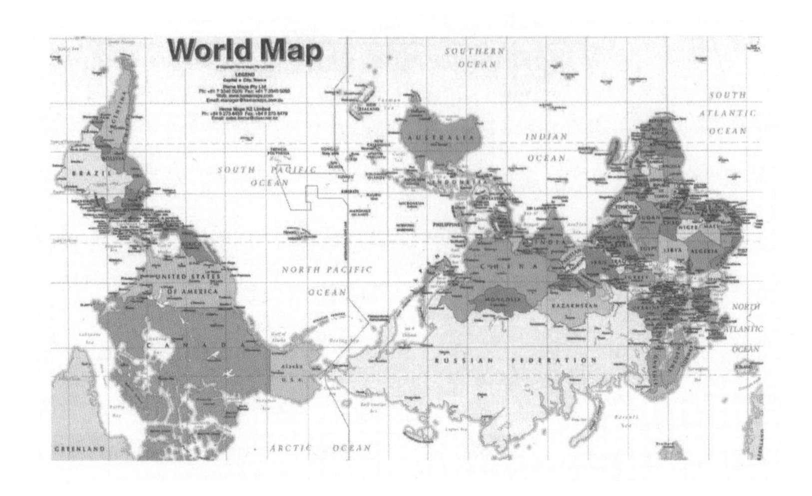

를 간파하고 자기 철학에 따라 실행하는 능력'이다. 이러한 능력을 배양하면 역발상이 가능해진다. 저성장 시대에는 시대적 니즈의 변화를 직시하고, 고객과 경쟁자의 움직임에 끊임없이 대응해가는 것이 특히 중요하다. 하버드대 클레이튼 크리스텐슨Clayton M. Christensen 교수가 지적하듯(1997), 고객의 니즈는 아랑곳하지 않고 묵묵히 열심히만 해서 성장하는 시대는 이미 끝난 지 오래다. 2017년 우리는 최고의 기술력을 뽐내기 위해 고객의 니즈와 동떨어진 상품을 만들고 있지 않은지 고민해봐야 한다. 바로, '이노베이션의 딜레마'다. '액정의 샤프'라는 수식어가 붙을 정도로 한때 전성기를 구가했던 샤프로서는 이것이 뼈아픈 요청이 될지도 모르겠다.

샤프는 수많은 가전제품업체 중에서 신기술 상품과 최첨단 제품을 선도적으로 내놓으며 모든 열정을 불사른 기업이다. 한때는 가메야마 모델로 액정 사업에서 세계를 석권했으며, 2000년부터는 액정 텔레비전을 누구보다 빠르게 발매하여 '액정의 샤프'라는 지위를 확립한 바 있다. 액정 사업에 선택과 집중을 추진하기 위해, 2004년과 2006년에 잇따라 거대한 액정 패널 공장을 건설했다. 합쳐서 4,000억 엔 남짓 되는 대규모 투자도 서슴지 않았다. 2007년에는 오사카 사카이 시에 세계 최대 규모의 액정 공장 건설을 결정하고, 2010년에 최첨단 액정 공장과 세계 최대 태양전지 공장을 준공했다. 그 설비에 투자된 자금 규모가 무려 1조 엔을 넘었다.

그러나 리먼 쇼크 이후 액정 텔레비전의 판매량이 급격히 떨어질 줄은 아무도 몰랐다. 게다가 중국과 한국 기업의 추격으로 가격 경쟁에서 뒤처져, 한순간에 시장점유율이 급감하기 시작했다. 설상가상으로 중국의 스마트폰 시장이 위축되어 샤프의 중소형 액정 패널도 팔리지 않았다. 중국과 한국의 복제품 범람에 의한 초과 공급, 중국 시장 축소 등으로 결국 액정 사업에 올인한 전략은 실패로 돌아갔으며 거액의 적자를 떠안게 됐다. 2011년 정도부터 적자 규모가 더욱 불어나 2015년에는 2,223억 엔 가까운 경영 적자에 처하게 되었고, 결국 2016년 1월 대만 기업 홍하이에 매각됐다.

세계 최초 신기술의 신상품을 만들어낸들 고객들이 반응하지 않는 상품이라면 무슨 의미가 있겠는가. 경쟁자를 너무 의식하지 않는 것도 문제지만, 남과 비슷한 걸 해서는 굳게 닫힌 소비자의 지갑을 좀체 열 수 없다. 고정관념과 낡은 전통에 얽매이지 않는 유연하고 창의적인 사고를 통해, 고객가치 향상을 위해 진정 필요한 것이 무엇인지를 탐구하고 실천하는 역발상이 필요하다.

로토세야쿠는 1909년 첫 안약을 선보인 후, 다양한 안약을 끊임없이 개발하며 안약 시장에서 40%라는 일본 내 최고의 시장점유율을 자랑하고 있다. 그러면서도 "남과 같은 것을 하는 것은 수치"라는 야마다 회장의 도전에는 한계가 없었다. 야마다 회장은 취임 후 화장품 사업에 과감히 도전했고, '제약회사가 만드는 좋은 성분의 화장품'이라는 이미지로 브랜딩했다. 그 결과 현재는 로토세야쿠 전체 매출에서 화장품 매출이 60%나 차지하고 있다.

업무용 모발 제품을 제조하는 밀본MILBON은 상품을 팔지 않는 영업을 한다. 영업 담당자는 상품 설명보다는 미용실의 경영 지원이나 기술 지도를 하는데, 서비스를 거의 무상으로 해주면서 미용실의 고민을 해결해준다. 자연스러운 영업을 위해 콘셉트와 기술을 파는 것이다. 음식점 키치리는 종업원의 자주성과 동료의식을 고양하기 위해 신입사원들로만 구성된 점포를 운영한다. 점포 콘셉트부터 가격, 메뉴 등 점포 운영에 관한 모든 것을 그들에게 맡긴다. 산도랏구는 한 점포에 2명의 점장을 배치한다. 사공이 많으면 배가 산으로 간다는 말이 있지만, 2명의 점장을 통해 오히려 접객과 매장 운영 효율이라는 두 마리 토끼를 잡고 있다. 그 덕에 버블 붕괴 후 23년간 증수증익을 달성했다.

이어서 제3부에서는 이상과 같은 지속성장 기업의 5가지 DNA를 좀더 구체적으로 살펴볼 것이다. 다만, 여기 소개된 기업들이 어떤 한 가지 성장 DNA만으로 불사조 기업이 된 것은 아니며, 일부 사례는 일본의 특수성이 반영돼 우리나라와 다소 차이를 보일 수도 있다. 또 어떤 기업은 접근성의 한계로 더 많은 조사 · 연구를 실시하지 못한 아쉬움도 있다.

그렇더라도, 일본의 유례없던 장기 불황 시기, 모든 기업들이 고전을 면치 못할 때 이 불사조 기업들은 어떤 꾸준한 노력이 있었기에 지속성장할 수 있었는지에 대한 소중한 힌트와 인사이트를 얻을 수 있으리라 기대한다.

20년 불황에도

연 10% 이상 성장한 52개 일본기업

제3부

성장엔진을 바꾸자!

제 1 장

고객 친화적인 영업력

주식회사 한즈만

고객의 요구는 모두 받아들인다

소비자가 원하면, 안 되는 것 말고 다 들어준다는 기업이 한즈만이다. 이 기업은 비단 영업뿐만 아니라, 제품 기획과 판매, 서비스 등 경영 전반에 걸쳐 '고객 친화적인 철학'이 밑바탕에 깔려 있다. 규슈에 있는 거대 홈센터인 한즈만에 가면 눈앞에 펼쳐진 22만 가지 상품에 눈이 휘둥그레질 것이다. 스스로 집을 단장하는 등 자신이 생활하는 공간을 개선하려는 것을 홈 임프루브먼트home improvement라고 한다. 홈센터란 이러한 홈 임프루브먼트에 필요한 도구나 소재 · 자재 등을 파는 곳이다. 이렇게 각양각색의 상품을 갖추게 된 이유는 오조노 사장의 고객 제일주의 신념에서 찾아볼 수 있다.

그는 "고객의 요구를 모두 받아들이는 것이 우리 회사의 기본"이라며 고객이 원하는 상품이라면 무엇이든 살 수 있는 환경을 만들기 위해 힘쓰고 있다. 고객의 신뢰에 부응하기 위해 매주 300여 개의 상품이 새로이 추가되는데, 대부분이 고객의 니즈 상품이다. 한즈만 매장에서는 '찾으시는 상품이 매장에 없는 경우 직원에게 말씀해 주세요'라는 안내문을 곳곳에서 발견할 수 있다. 안내문 옆에는 요구하는 상품을 기입할 수 있는 카드도 비치돼 있다. 다만 안내문과 카드만으로는 고객이 자진해서 요구할 가능성이 작으므로 직원이 고객과 적극적으로 커뮤니케이션하려는 노력이 필요하다. 이를 위해 한 점포당 종업원을 많게는 100명이나 두고 있다. 직원들은 모든 상품에 대해 상세한 지식을 가질 수 있도록 3~4년 주기로 담당 업무를 교대한다. "종업원 자신도 어떻게 사용하는지, 다른 유사 상품과 어떤 차이가 있는지를 모른다면 어떻게 진정 어린 접객이 가능하겠는가?"라는 것이 오조노 사장의 기본적인 생각이다. 니즈 상품 중 시판되지 않는 상품은 직접 기업에 제조 의뢰를 하고, 국내에 없는 상품이면 해외에서 직접 들여오는 일도 마다하지 않는다.

한즈만의 초창기 점포는 7만 개 아이템이 표준이었다. 하지만 고객들의 다양한 수요를 충족시켜가다 보니 아이템이 22만 개로 늘었다. 물론 그중에는 1년 동안이나 팔리지 않는 상품도 있다. 더 놀라운 것은 POS 시스템이 없다는 것이다. 원래 POS 시스템은 상품 판매 최소단위(신발을 예로 들면 왼쪽과 오른쪽 한 켤레가 하나의 상품으로 판매됨)로 관리된다. 그래서 이 시스템을 도입하면 신발 중 오른쪽만 원하는 고객, 못 하나만 원하는 고객에 대한 요구를 받아줄 수 없기 때문에 POS 시스템을 갖추지 않았다.

오조노 사장은 "한즈만에 가면 반드시 원하는 상품이 있다는 신뢰감"을 높이고, "진귀한 물건을 발견할 수 있는 매장으로서 즐거움을 만들어내기 위해 필요한 낭비"라고 말한다. 그들은 고객이 필요한 물건을 사러 왔을 때 실망하지 않게 하기 위해 비용을 아까워하지 않으며, 오늘도 변함없이 노력하고 있다.

くら寿司

주식회사 쿠라코포레이션

식품업계 테마파크

일본 하면 가장 먼저 머릿속에 떠오르는 맛있는 스시일 것이다. 스시업계 최초로 몽드셀렉션 금상을 받은 기업이 있는데, '쿠라스시'라는 100엔 회전스시를 운영하는 쿠라코포레이션이다. 1995년 회사 설립 이후 약 20년간 연속으로 매출이 증가해왔는데, 설립연도 대비 2016년 결산 매출액(110,949백만 엔)이 무려 1,858%에 달하는 폭발적인 성장이다. 쿠라코포레이션은 업계 후발주자였지만, 지금은 스시 종주국 일본의 대세가 됐다.

놀랍게도, 이 기업의 성공 비결은 회전스시가 아니라 테마파크로서의 차별적인 시장 포지션이 절묘하게 맞아떨어진 데 있다. 여기에서 테마파크는 어린이, 어른, 청소년 그리고 남녀 불문하고 누구나 즐길 수 있는 외식이 될 수 있도록 한다는 의미다. 쿠라스시는 스시를 중심으로 모든 음식을 제공하고, 각종 이벤트를 수시로 개최해 즐거움을 연출한다. 그 외에도 인터넷을 통해 만화 등 점내 한정 콘텐츠를 제공하고, 휴대전화에서 시간 지정 예약이 가능한 시스템을 선구적으로 도입하는 등 고객들이 대기 시간을 지루하지 않게 느끼도록 많은 정성을 들인다.

2014년 6월의 한 주말에 생긴 일이다. 쿠라스시 점포에서 고객들의 불만의 목소리가 끊이지 않았다. 사실, 이것은 스시에 대한 불만이 아니었다. 고객이 갑작스레 너무 많이 몰려와 점내에서 무료로 제공하던 게임 콘텐츠에 접근하기가 어려워진 것이다. 쿠라시스는 즉시 평상시의 3배가 넘는 인터넷 접속까지 끄떡없도록 서버 용량을 늘렸다. 그럼, 왜 이렇게 고객이 쇄도한 것일까? 이 시기에 '요괴워치'라는 기념품을 받을 수 있는 캠페인을 벌였기 때문이다. 쿠라스시는 주요 고객층인 어린이들의 점내 대기 시간을 최고로 즐겁게 만들고 있다. 점내에서 닌텐도 3DS를 위한 게임과 만화 등의 오리지널 콘텐츠를 제공하기 때문이다. 지금까지 요괴워치 외에도 원피스, 명탐정 코난, 포켓몬 등의 다양한 캠페인을 벌여왔다.

쿠라스시는 생선초밥을 그다지 즐기지 않는 고객들을 위해 라면, 케이크, 커피 등 다양한 디저트 메뉴를 40여 종으로 늘렸다. 처음에는 디저트 등 사이드메뉴를 개발하는 데 대해 사내에서 불안해하는 목소리도 있었다. 스시가게에서 라면이 정말로 팔릴 것인가, 자칫 경쟁사와의 차별화가 어려워지고 전문성이 저하되는 건 아닐까 하는 진정 어린 걱정이었다. 하지만 실제로 일곱 가지 수산물로 국물 맛을 낸 라면을 상품화하자, 날개 돋친 듯 팔려나갔다. 상품을 기획한 직원조차도 예상치 못한 대박이었다. 이뿐만이 아니다. 평일 오후 많은 여고생이 쿠라스시에서 커피와 디저트를 즐기는 모습을 쉽게 볼 수 있게 됐다. 이러한 변화가 고객의 점내 체제 시간을 늘리고, 방문 빈도도 높였다.

사이드메뉴 이외에 기발한 기획이 또 있다. 스시접시를 이용해 게임을 할 수 있도록 설계한 것이다. 접시 5개당 한 번의 게임을 즐길 수 있는데, 테이블 옆에 접시 투입구가 있어 고객이 자기 자리에서 게임이 가능하며 다양한 상품을 받을 수 있다. 이러한 아이디어는 가족 외식 때 어린이들에게 특히 인기가 높으며, 어른들에게도 재미와 흥미를 제공한다. 접시가 투입구를 통해 자동으로 회수되므로 종업원으로서도 편리하다.

또한 고객은 주문을 할 때마다 일일이 종업원을 부르고 기다릴 필요가 없다. 자동화된 터치패널을 이용해 오락을 하듯 추가 주문을 할 수 있기 때문이다. 그러면 주방에서는 로봇이 정확한 계량을 통해 탐스러운 스시를 만들고, 이 또한 컨베이어벨트(회전레일)를 통해 해당 테이블까지 이동된다. 주문한 스시가 테이블 근처에 도착하면 터치패널에서 소리로 미리 알려준다.

다나카 사장은 "식사를 하는 고객들도 이런 방식을 좋아한다. 특히 여성들은 먹은 접시를 남들이 보기 전에 바로 치우는 방식을 선호한다. 다른 사람들에게 자신이 먹은 양을 알리고 싶지 않아서다"라고 말한다.

최근에는 미국에 9호점, 타이완에 2호점을 오픈하면서 세계 시장에서 다시 한 번 폭발적인 성장을 기약하고 있다.

제조업

편의점 대상 식자재 납품

Warabeya
Nichiyo HLDGS.

와라베야니치요 주식회사

어떤 주문에도 대응할 수 있는 속도와 행동력

와라베야니치요는 세븐일레븐재팬을 지원하는 최강의 배후자로 불리는데, 대규모 소매 기업과 중소기업의 상생 모델에 관한 베스트 프랙티스best practice(최고 성과 또는 규준)라고 할 수 있다. 편의점업계에서 41.7%의 시장점유율을 가진 세븐일레븐재팬에 대한 판매액이 연결 매출액의 75%를 차지한다. 아무도 모르는 식품 제조 영세 기업에서 26개의 공장을 가동하며 업계 최고의 생산력과 상품력을 자랑하는 기업으로 성장했다. 와라베야니치요는 도시락, 샌드위치, 즉석조리식품 등을 하루 최대 600만 개까지 생산할 수 있으며, 360가지 아이템을 보유하고 있다. 이 숫자를 쉽게 풀어보면, 일본인 21명 중 1명이 와라베야니치요의 고객이 되는 셈이다. 고객의 요구에 발 빠르게 대응하며, 편의점 상품의 맛에 대한 고정관념을 깨버린 결과다.

1978년 6월, 와라베야니치요가 세븐일레븐재팬과 거래를 시작하게 된 것은 순전히 세렌디피티serendipity(뜻밖의 행운 또는 기회)였다.

세븐일레븐재팬에 납품하고 있던 회사가 다른 체인 기업에 납품하던 상품으로 식중독을 일으켰는데, 이 일이 와라베야니치요에는 기회가 된 것이다. 당시 와라베야니치요는 세븐일레븐재팬으로부터 당장 내일부터 주먹밥 2만~3만 명분을 만들어줄 수 있겠느냐는 주문을 받았고, 밤을 꼬박 새우면서까지 하룻밤 만에 납품에 성공해 큰 신뢰를 획득했다. 어떤 주문에도 대응할 수 있는 속도와 행동력, 이것이 와라베야의 강점이며 세븐일레븐재팬의 최강 파트너가 된 이유다.

이뿐만이 아니다. 거래를 개시한 지 얼마 되지 않은 시기에, 도시락의 신선도를 더 높이기 위해 세븐일레븐재팬 측이 1일 2회 제조 · 배송을 의뢰한 적이 있다. 요구에 부응하기 위해서는 공장의 심야 노동을 피할 수 없었는데, 당시 일본에는 여성의 심야 노동을 규제하고 있었다. 와라베야니치요는 한참 고민에 빠져들었다. 왜냐하면 규제를 풀어달라고 서명까지 받아가며 기업이 심야 노동을 강행한다는 것은, 종업원에게도 사회적으로도 그다지 좋은 인상을 주지 않기 때문이다. 하지만 그들은 식품 제조업체로서의 사회적 미션이 무엇인지에 대한 해답을 가지고 있었다. 즉, 1일 2회 제조하고 배송하는 것은 거래처의 요구에 대한 대처뿐만이 아니라, 최종적으로는 신선하고 맛있는 제품을 먹고 싶다는 최종 소비자의 니즈에 대응하는 행동력이라고 말이다.

이런 원칙하에 노동규제를 풀어달라는 서명을 모아 노동부 장관에게 탄원서를 전하러 갔다. 노동부 또한 소비자의 이익 향상이라는 대의명분에 찬성했다. 이렇게 하여 쌀밥 공장은 특례로써 여성의 심야 노동을 인정받아 1일 2회 제조를 실현했다.

와라베야니치요의 경영이념은 식품 제조 기업으로서 상품의 안전 · 안심은 물론이요, 가치 있는 상품과 서비스를 통해 건강하고 풍부한 소비자의 식생활에 공헌하겠다는 것이다. 최근에는 세븐일레븐재팬의 독자 브랜드인 세븐프리미엄 상품 개발에서도 폭발적인 인기를 얻고 있다. 와라베야니치요는 "세븐일레븐재팬의 도시락 품질을 유지하는 것이 와라베야니치요의 브랜드 유지로도 이어진다"라고 말한다. 자신이 전면에 드러나지 않아도 배우가 갈채를 받으면 된다는 배후자로서 긍지의 표현이다. 작지만 쉽게 바꾸기 힘든 세븐일레븐재팬의 최강 파트너로서 여유로움을 엿볼 수 있다.

서비스업

온라인 서비스 · 인터넷 금융

Rakuten

주식회사 라쿠텐

누구나 손쉽게 이용할 수 있는 시스템 구축

2014년 라쿠텐이치바에서 판매한 면류의 길이는 지구 87바퀴분(49,821,747개=3,487,521km)이라고 한다. 라쿠텐은 일본 1위 인터넷 쇼핑몰인 '라쿠텐이치바'를 운영하는 기업이다. 2016년 9월까지 1만 1,652명의 회원 수, 로그인 회원은 8,826만 명을 자랑한다. 1997년 설립 당시 미키타니 회장은 '시스템에 강한 사람이 장사를 하는 것이 아니라, 장사를 잘하는 사람이 간단하게 가게를 열 수 있는 구조로 만들겠다'라는 가치 아래 인터넷 쇼핑몰 라쿠텐이치바를 열었다. 실제로 컴퓨터 소프트웨어에 능통하지 않은 사람도 자신의 점포 페이지를 만들 수 있도록 독자 시스템을 구축했고, 그 결과는 놀라웠다. 창업 이후 한 달 동안 모인 점포 수가 13개였는데, 1년 만에 300개를 돌파하는 쾌거를 이룬 것이다.

라쿠텐이치바가 생기기 전 대다수의 일본 인터넷 쇼핑몰은 출점하는 측에서 점포 페이지를 만드는 게 아니라 쇼핑몰 운영사가 홈페이지 제작 회사에 하청을 줘서 만드는 구조였다. 출점자가 원하는 대로 홈페이지를 만들 수 없을뿐더러 상품을 새로 등록하는 데에도 시간이 오래 걸렸다. 기존 쇼핑몰에 점포를 내려면 출점료도 상당했다. 초기 비용으로 50만 엔 이상이 들었고, 매달 30만 엔 이상을 지불해야 했다. 여기에다 매출에 따른 수수료까지 내야 했다.

미키타니 회장은 이러한 결점들을 보완해 독자 시스템을 만들기로 했다. 일본인의 취향에 맞추기 위해 외국 쇼핑몰 소프트웨어를 구입하지 않고, 장장 8개월을 투자해 시스템을 개발했다. 이렇게 개발한 시스템 RMS Rakuten Merchant Server는 워드 프로세서를 조작할 정도로만 컴퓨터를 사용할 줄 알면 누구나 점포 페이지를 만들 수 있을 만큼 쉬웠다. 점포 디자인과 상품 구성, 가격도 자유롭게 바꿀 수 있어서 점주가 시기나 유행에 맞춰 상품을 제공할 수 있는 환경이 조성됐다. 전체 거래를 통해 나오는 데이터도 수주 · 고객 · 상품 · 매출 등 여러 기준으로 관리할 수 있도록 했다.

시스템 접근이 용이해진 데다가 출점 비용 또한 대폭 줄어들었다. 라쿠텐이치바에서는 상품 수 25개 이하의 소규모 출점인 경우 매달 5만 엔만 지불하게 하고, 초기 비용은 아예 받지 않았다. 라쿠텐이 기존 점포 입점 시의 불편함을 해소했다는 입소문이 돌자, 입점 점포 수가 급격히 불어났다.

라쿠텐은 1997년 13개 점포로 시작해 지금은 4만 4,317개 점포(2016년 9월 현재)를 보유하고 있다. 라쿠텐의 주된 수입원은 출점 점포로부터 받는 출점료와 매출 등에 따른 수수료다. 라쿠텐의 2016년 12월 단독결산 매출은 3,054억 엔이었다. 영업이익이 흑자

전환된 1998년의 매출 1억 5,000만 엔과 비교하면 약 1,788배 늘어난 것이다. 2006년에는 '라쿠텐 경제권' 구상을 발표했고, 2008년에는 대만을 비롯하여 미국, 영국, 브라질 등에도 진출하는 등 글로벌 시장 공략에도 박차를 가하고 있다.

소매업

생활잡화 · 가구

ニトリ NITORI ニトリホールディングス

주식회사 니토리홀딩스

밸류체인의 일인자

30년 동안 매년 매출액과 경상이익이 증가하는 기업을 본 적이 있는가? 최근 30년간(2017년 2월 결산 기준) 멈출 줄 모르는 성장력으로 밸류체인Value Chain의 일인자가 된 니토리홀딩스가 바로 그 주인공이다. 니토리홀딩스는 1972년 삿포로에서 창립했으며, 당시에는 해외 가구를 직수입해 판매하는 영세한 가게였다. 사실상 일본판 이케아라고 생각하면 이해하기 쉽다. 하지만 밸류체인에서 그들의 끊임없는 가치혁신 노력과 성장력은 이케아를 충분히 뛰어넘고도 남을 정도다. 니토리홀딩스의 성장력은 두 가지로 요약된다. 첫째, 가구점이 아니라 홈 인테리어 스토어라는 문화 대혁명을 이끈 혁명가다. 둘째, 가구업계 최초로 제조 · 소매 일체형 비즈니스 모델을 구축했다. 이를 통해 양질의 상품과 낮은 원가를 동시에 달성했다.

오늘날까지도 니토리의 고집은 여전하다. 그들은 자신을 가구점이라고 부르지 않는다. 홈 인테리어 스토어라는 포지셔닝으로 고객 친밀성을 높이기 위해서다. 창업주인 니토리 회장은 미국을 시찰한 후 "미국에서는 가정이 손님을 자주 맞이할 수 있는 교류의 장이라는 인식이 강하고, 그러기에 집을 아늑한 장소로 꾸민다"며 "머지않아 일본도 그렇게 될 것이다"라고 말했다. 비즈니스의 영감을 얻은 것이다.

그의 생각은 미래에서 온 예언처럼 그대로 적중했다. 일본의 경제가 급성장하는 과정에서 일본인들의 문화적 측면은 상당 부분 달라졌다. 예를 들어 서구의 생활방식이나 음식문화가 중 · 상층에 국한되지 않고, 하층 부분까지 침투했다. 하지만 많은 변화를 거친 일본인들에게도 한 가지 더딘 부분이 있는데, 바로 홈 인테리어 분야였다. 변화가 더딘 이유는 일본의 전통적인 문화와도 관련이 있다. 기본적으로 일본인들은 꾸미지 않는 소박하고 실용적인 것을 추구한다. 그래서 서양의 가구나 인테리어가 일본인들의 전통적인 사고방식과 맞지 않았다. 창업주인 니토리 회장은 이러한 점에 착안해서 일본적인 홈 인테리어 문화의 선진화와 대중화를 목표로 경영을 시작한 것이다.

한편, 합리적인 가격을 유지하기 위해 가구업계 최초로 SPA 사업 방식을 택했다. 상품 원재료의 선택에서 가구의 기획, 설계 및 생산, 물류, 마케팅, 판매에 이르기까지 모든 과정을 니토리홀딩스가 주도하고 종합적으로 프로듀스하는 것이다. 이처럼 강력한 수직 통합은 핵심역량에 집중하고 나머지는 외부 업체에 맡기는 일반 기업의 경영 방식과는 상충된다. 또한 비대한 조직 때문에 환경 변화에 대한 신속한 대처 능력도 약화된다. 하지만 강력한 수직 통합으로 상품의 원가와 품질에 대한 전문성을 확보함으로써 철저한 브랜드 관리가 가능하다는 강점이 있다.

니토리는 일찌감치 양질의 상품을 저렴하게 생산해줄 수 있는 해외 회사를 찾아 나섰다. 더불어 글로벌 공급망을 구축하여 세계 270여 회사로부터 물품을 직수입하던 조달 방식을 외국 현지 공장에서 생산하는 방식으로 전환했다. 1994년에는 인도네시아, 2004년에는 베트남에서 공장을 가동했다. 현재는 인도네시아, 베트남, 말레이시아, 중국, 싱가포르 등 6개국에 15개의 해외 거점을 구축해 자체 생산과 아웃소싱을 병행하고 있다. 2016년 2월 기준으로, 상품의 90% 이상을 해외에서 조달하고 있다.

그들은 스스로 '제조물류 소매업'이라고 지칭한다. 압도적인 저가격을 실현하기 위해서는 해외에서 생산된 상품을 국내에 수입하는 과정에서의 비용절감 또한 매우 중요하다. 니토리는 일본 국내 무역을 지원하기 위해 2007년부터는 물류센터나 프로세스센터를 가동하는 동시에 아시아 각국에 사무소를 개설하고 있다.

효율적인 상품 배송과 비용절감을 위해 물류 및 IT 시스템의 개발에도 투자를 아끼지 않는다. 간토 · 간사이물류센터는 일본에서도 최대 규모다. 1980년에 업계 최초로 입체형立体型 자동창고를 도입한 이래, 해외에서의 집하 및 배송부터 국내 점포로의 소량 배송까지 니토리 그룹에서 개발한 시스템을 활용하고 있다. 현재는 자회사 호무로지스틱스가 물류 전체를 담당하고 있다. PC 등 IT 시스템도 1995년에 도입했는데 가구업계에서 가장 이른 조치였다. 2016년에는 자동창고형 피킹 시스템인 '오토스토어AutoStore'를 도입했다. 그중에서도 전표발행 시스템은 고객의 주문을 등록하는 것만으로 자동으로 재고가 확보되고 배송예약이 되는 시스템이다. 또한 전자지도와 연동되어 각종 전표발행까지 가능하다.

니토리홀딩스는 2017년 2월 기준으로 국내외 471개 점포를 운영하는데, 최근 30년간 증수증익을 달성했다. 일본 상장기업은 약 3,537개(2017년 2월 17일 기준)인데, 그중 니토리의 성장률이 단연 1위다. 아마 세계적으로도 압도적인 상위를 차지할 것으로 생각한다. 소비 불황 시대에 홈 인테리어라는 잠재수요를 발굴하고, 합리적인 가격을 제공하기 위해 밸류체인을 혁신한 성과다. 최근에는 1인 가구를 위한 1인용 소파나 고령자가 보다 편리하게 사용할 수 있는 상품 개발에도 과감하게 투자하고 있다. 또한 2015년 4월에는 일본 최고급 거리 긴자에 있는 프란탄백화점에 점포를 냈으며, 이를 교두보로 삼아 고급 브랜드로서 니토리 만들기에도 집중하고 있다.

렛쿠 주식회사

고객에게 섬세한 감동을 주고 싶다

렛쿠는 일본 'Good Design 상'의 단골 주인공이다. 일반적인 기업이라면 평생 한 번 수상할까 말까인데, 렛쿠는 2010년 놀랍게도 7개의 상품이 동시에 수상하는 영광을 누렸다. 가정 일용품 제조업체 렛쿠는 1983년 창업 5년 후 "고객에게 감동을 전하는 제품을 만들자"라며 신제품 개발을 위한 중앙 연구소를 설립했을 정도로 신제품 연구 · 개발에 남다른 열정을 쏟았다. 현재는 기업을 상장하면서 본사와 통합했지만, 개발과 연구에 대한 열정만큼은 시들지 않았다.

동종 업계 타사와 비교해서 특이한 점은 개발 부문의 인원에 있다. 렛쿠는 개발 부문의 사원이 전체 직원의 25%인 약 100명에 달한다. 이들은 주방, 욕실, 화장실, 청소, 세탁 분야에서 고객의 불편함을 해소하기 위해 신제품 개발에 매달리고 있다. 렛쿠의 궁극적 개념은 '당연한 제품은 필요 없다'라는 것이다. 가정 일용품은 인간이 살아가는 이상 계속해서 존재하므로, 그만큼 경쟁이 심하기 때문이다.

반대로, 시장의 크기와 지속성 측면을 볼 때 매력도는 충분하다. 따라서 혁신적 아이디어 상품은 무궁한 성공을 보장해준다. 렛쿠의 100명이나 되는 상품 개발 직원에게 필요한 것은 한 가지다. 기업도 아니고 자신들도 아닌, 전적으로 고객의 입장에서 사물을 보는 것이다. 더욱이 최근 일본에서는 주부층 이외에 1인 가구층의 공략도 중요해졌다. 가정 일용품을 구매하는 이들 소비자가 입을 모아 요구하는 것은 편리하고, 저렴하고, 동시에 아름다운 상품이다. 조금의 불편함이 있더라도 소비자가 그저 감수하던 기존의 가정용품 콘셉트에 변화가 필요해진 것이다.

렛쿠는 이런 변화를 놓치지 않았다. 렛쿠의 대표 상품은 세제를 사용하지 않고 물로만 손쉽게 더러운 부분을 닦아내는 스펀지(게키오치쿤)가 있다. 또한 변기에 커버를 가볍게 놓는 것만으로 간편하게 사용할 수 있으며 세탁기로 몇 번이나 씻어 재사용할 수 있는 변기 커버도 폭발적인 인기를 얻고 있다. 이와 같이 평범해서 조금의 불편함이 있어도 그냥 넘어가던 부분을 집중적으로 개선해 기능성, 디자인, 안전성 등 모든 면에서 고품질 부가가치의 제품을 만드는 것이 렛쿠가 고객에게 사랑받는 이유다. 또한 이러한 고객의 사랑은 렛쿠에서 일하는 종업원들의 자부심과 의욕을 자극해서 더욱 능률을 올리는 기폭제가 되고 있다.

한편, 렛쿠의 상품 개발 및 연구력에서는 추진력도 잊지 말아야 한다. 경쟁 기업들이 중국 시장에 진출해야 한다면서 10년 전부터 부랴부랴 준비에 들어간 것에 비해 렛쿠는 이미 20년 전부터 중국에 진출했다. 생산체제를 강화하고 비용절감을 실현하기 위해서였는데,

중국에 진출한 당시는 시행착오의 연속이었다. 하지만 많은 시행착오와 실패의 연속이 좋은 경험이 됐다. 현재는 그러한 기술과 경험을 토대로 중국 내에서도 튼튼한 내수 시장을 확보하고 있다.

이러한 풍토는 하루아침에 만들어지지 않았다. '고객에게 섬세한 감동을 주고 싶다'는 것이 렛쿠 상품 개발 직원들의 목표다. 어떻게 하면 고객이 기뻐할지를 항상 염두에 두고, '고객을 위한 상품을 만들면 불황도 상관없다'는 기업이념은 렛쿠의 제2의 발전을 기대하게 한다.

セブン-イレブン

주식회사 세븐일레븐재팬

현장주의의 혁신자

맥도날드와 세븐일레븐 중 어느 쪽 점포 수가 더 많을까? 놀랍게도 세븐일레븐이다. 2016년 9월 현재 세븐일레븐은 17개국에서 6만 695개 점포를 운영하는데, 약 118개국에서 3만 6,615개 점포를 운영하는 맥도날드와는 비교를 넘어서는 수치다. 세븐일레븐은 일본 국내에서도 세계 최초로 단일 국가 프랜차이즈 매장 2만 점 돌파를 눈앞에 두고 있다. 그 비결은 무엇일까? 스즈키 회장은 "고객가치를 위한 철저한 현장주의의 혁신"이라고 단호히 잘라 말한다.

그의 경영철학 핵심은 사람을 단순한 비용이 아닌 고객가치의 증대를 통해 이익을 낳게 해주는 핵심 존재로 보는 것이다. 세븐일레븐재팬에서는 시간제 근무를 하는 직원에게도 단순한 계산이나 접객 업무뿐 아니라 매출액을 좌우하는 가장 중요한 업무인 상품의 발주까지 맡긴다. 이러한 풍토는 주로 아르바이트 직원으로 구성되는 점포에서의 단품관리 혁신으로까지 이어졌다.

세븐일레븐재팬의 고객 중심 가치는 지역의 사정은 그 지역에 사는 주민이 제일 정통하다는 단순한 진리에 바탕을 두고 있다. 점장은 시간제 근무자들의 생생한 지역 정보와 점포 개선사항, 심지어는 지역에서 잘 팔릴 것 같은 상품 및 기획 제안까지 일일이 체크하고 실제 점포 운영에 적극적으로 반영한다.

또한 스즈키 회장은 매주 1,000명이 넘는 OFC[Operation Field Counselor]를 도쿄에 모아놓고 얼굴을 직접 대하고서 자신의 경영철학을 설명하고 또 설명한다. OFC는 자신이 담당하는 지역으로 돌아가 현장에서 점주 및 종업원들과 대화를 나눈다. 회사가 지향하는 이상과 이념을 말단사원까지 공유하는 과정을 통해 직원 한 사람 한 사람이 자신을 무엇 때문에 일하는지, 자신에게 고객이 어떤 존재인지 끊임없이 자문토록 하는 것이다.

세븐일레븐재팬에서는 중장기 계획을 세우지 않는다. 창업 30년 만에 1만 개 점포를 돌파했지만 '몇 년 후까지 2만 점포로 늘리겠다'라는 식으로 목표를 내건 적은 한 번도 없었다. 목표를 설정하면 그 목표 수치가 중심이 돼 숫자 맞추기에 급급해지기 때문이다. 한마디로, 성과보다 비전을 더 중요하게 생각한다. 경영은 현장의 목소리를 현실화하는 것이지 숫자를 짜 맞추는 경기가 돼서는 안 된다. 집에서만 먹는 것으로 여겨졌던 주먹밥이 편의점 진열대에 올라오게 된 것은 '현장주의에 따라 상식을 던져버려야 한다'는 원칙 덕분이었다.

주식회사 야마야

차별화된 시장 재포지셔닝

세계적인 심사기관인 몽드셀렉션에서 '구굿토나마'라는 제3의 맥주로 2013년부터 3년 연속 금상과 은상을 받은 기업이 있다. 현재 주류 및 식품 관련 7,000종류의 상품을 취급하며, 총 아이템이 9,000여 개나 되는 주류 전문점 체인 야마야가 그 주인공이다.

일본에는 여러 종류의 주류 판매점이 존재한다. 작은 동네에 자리 잡고 술만 전문적으로 판매하는 가게에서부터 술과 음료, 과자, 생필품 등을 판매하는 대형 마트까지 있지만 그 중간 단계의 가게가 없었다. 야마야는 이러한 중간 가게를 포지셔닝 콘셉트로 잡았다. 그들의 잠재된 시장과 고객은 동네 가게에서 사기에는 무언가 부족하고 대형 마트까지 가기에는 모호한, 바로 그런 위치에 있는 사람들을 위한 술을 파는 것이었다.

야마야는 먼저 고객들이 무엇을 필요로 하는지 찾아야만 했다. 얼마 지나지 않아서 찾아낸 답은 바로 술을 마실 때 곁들이는 안주였다. 사람들은 주류 판매점에서 술을 사고 다른 마트에서 안주를 사야 하는 걸 번거롭다고 느끼고 있었다. 이전까지 야마야가 취급한 식품이라고는 마른안주나 수입 식품 등이 전부였다. 이러한 점에서 야마야는 과자와는 다른 반찬 사업을 시작했다. 야마야는 고객들에게 부담스럽지 않은 가격에 반찬들을 제공하고자 했고, 가격은 모두 300엔 정도로 술안주뿐만 아니라 식사 때의 반찬으로도 손색이 없는 상품을 목표로 했다. 그 외 제품으로는 고등어구이 등의 생선요리와 무나 당근 조림 등의 야채요리를 조합한 냉동 반찬 등이 있다.

그런데 처음 야마야의 목표 고객이었던 술을 마시는 사람들뿐만 아니라 주부들이나 노부부, 혼자 사는 바쁜 현대인들이 반찬만 사가는 현상이 늘어났다. 이러한 현상을 지켜본 코마쓰 켄지 야마야 이사는 반찬에 변화를 주어야 한다고 생각했다. 그래서 젊은이부터 노인까지 먹기 쉽도록 생선의 뼈를 모두 제거한다든가 건강 지향 소비자의 증가세에 맞춰 전체적으로 염분을 줄이는 등으로 개선했다. 이러한 새로운 사업의 전개가 고객의 니즈에 잘 맞아떨어져서 야마야의 또 다른 성장 원동력이 되고 있다.

제조업

조미료

주식회사 다이쇼

영업의 시작은 현장에서

1968년 5월, 일본 식탁을 획기적으로 바꾼 대히트 상품이 등장했다. 바로 소금, 후추, 조미료를 한 번에 맛볼 수 있는 '아지 · 시오코쇼'라는 만능 조미료였다. 그 후 유사 상품이 판을 치는 상황에서도 50년 가까이 롱셀러로 일본인의 사랑을 독차지하고 있다. 이 상품을 개발한 사람은 창립자인 카나자와 씨다.

그는 1960년쯤 부인과 함께 야키니쿠가게(고깃집)를 하고 있었는데, 고기를 찍어 먹는 양념이 손님들에게 대단한 인기를 끌었다고 한다. 카나자와 씨는 인기의 여세를 몰아 리어커에 고기 양념을 싣고 후쿠오카 시내 상점가를 방문했다. 그러던 차에 한 반찬가게 점주가 소금과 후추를 번갈아 쳐가면서 바쁘게 요리하는 광경을 보게 됐다. 그는 문득 이렇게 혼잣말을 했다. "소금하고 후추를 한 통에 넣어서 한 번에 뿌리면 될 것을…."

바로 이 단순한 광경이 그의 운명을 확 바꾸는 계기가 되리라는 건 누구도 몰랐다. 그 후, 마지막 한 톨까지 동일한 비율의 맛이 나오도록 연구 · 개발을 지속한 끝에 아무도 상상치 못한 만능 조미료가 탄생한 것이다.

이러한 카나자와 씨의 경험은 철저한 현장 조사와 더불어 고객 최접점에 있는 종업원들이야말로 자유롭게 다양한 발상을 제안하게 하는 다이쇼 영업 방침의 근간이 됐다. 이는 판매 활동에서만 강조되는 것이 아니다. 경영이념과 행동강령에서도 볼 수 있듯이 다이쇼는 기본적인 상품들은 유지시키면서도 소비자의 다양한 요구에 맞춰 창의적이고 독창적인 상품들을 개발해왔다. 동시에 인터넷 시대인 21세기에 맞춰 홈페이지 개발에도 많은 노력을 기울였다. 예를 들어 다이쇼 공식 홈페이지에는 상품에 대한 자세한 소개 및 자사의 재료들을 활용한 다양한 음식 레시피를 기술해두었다. 사용자가 조리하고 싶은 요리를 입력하면 음식 재료, 조리 방법, 요리 종류, 요리 유형이 표시돼 누구나 활용할 수 있게끔 구성해놓았다. 또한 특정 알레르기를 일으키는 성분이 포함돼 있지는 않은지 27개 정도의 식품에 관해 확인해볼 수 있는 코너도 마련했다. 홈페이지의 이러한 구성은 소비자가 좀더 정확한 정보를 가지고 자신에게 맞는 상품을 선택할 수 있도록 해준다. 소비자의 건강까지 고려하는 다이쇼의 정신을 엿볼 수 있다.

다이쇼의 제품 개발 사업도 영업 현장이나 시장조사에서 출발한다. 예를 들어 납품업체에 상품 개발을 의뢰하는 단계에서도 다이쇼의 종업원들은 자신들이 항상 생각해왔던 상품이나 맛을 소신 있게 제안하는 모습을 쉽게 볼 수 있다. '영업의 시작은 현장'이라는 창업주의 정신이 기업 풍토로 확립돼 있기 때문이다. 다이쇼는 상품의 기획 및 주문에서부터 상품의 진열 제안, 메뉴나 레시피의 제안, 계절에 따른 매장 인테리어까지 단순히 상품을 판매하는 것이 아니라 폭넓은 제안형 영업을 강조한다.

하지만 근거 없는 얘기를 상품으로 만든다고 생각하면 오산이다. 다이쇼는 일본인 특유의 꼼꼼한 성격, 즉 확실한 정보를 기반으로 여러 번의 회의를 거쳐서 상품의 콘셉트를 만들어내는 것을 제일 중요하게 생각한다. 그들만의 제안형 영업은 직원들이 매장의 환경에 맞게 자율적으로 아이디어를 내고 현장에서 적용해보게 함으로써 직원들에게도 충분한 동기부여가 된다. 최근에는 액상 김치찌개 수프를 개발해 유사 상품 카테고리에서 1위의 매출액을 자랑하고 있다. 이처럼 고객들의 사랑을 듬뿍 받는 데는 그만한 이유가 숨겨져 있는 것이다.

소매업

슈퍼마켓

주식회사 하로데이

이렇게 즐거운 슈퍼마켓은 없었다!

매장 천장에서는 덩치 큰 성인도 한입에 삼킬 것 같은 고래가 헤엄치고, 정육 코너에서는 난쟁이들이 자기 키보다 더 큰 도끼로 고기를 자르고 있다. 과일 코너에 가면 매장 천장까지 우뚝 솟은 푸른 나무가 서 있다. 버블경제 붕괴 후 18년 이상 증수증익을 달성한 슈퍼마켓 하로데이의 매장 풍경이다. 경쟁사들이 새 점포를 오픈할 때나 리뉴얼 오픈 시 하로데이의 점포 분위기나 연출 방식을 가장 많이 참고하는 것으로도 유명하다.

일본 사람들은 일주일에 평균 서너 번 슈퍼에 간다. 고령층이나 주부들 중에는 일곱 번 가는 사람도 있다. 파친코(전날 밤에 찜해둔 좋은 기계를 선택하기 위해 줄은 서는 사람들이 있음)도 아닌데, 슈퍼마켓이 문을 열기도 전에 그 앞에서 줄지어 서 있는 광경은 그야말로 '일본스러운' 문화의 단면을 보여준다.

그런데 카치 사장은 너무나 놀라운 사실을 알게 된다. 이들 고객 대부분이 슈퍼마켓 방문을 즐기는 듯이 보였는데, 실은 매일같이 장을 보는 게 정말 번거롭고 지루한 노동이라고 여긴다는 것이다. 특히나 어린 자녀를 데리고 장을 봐야 하는 주부들은 매일 전쟁을 치르는 것과 같다고 생각했다. 그 순간 카치 사장은 야구 방망이로 뒤통수를 한 방 맞은 듯한 느낌이 들었다고 한다. 그는 한 치의 망설임도 없이 고객들에게 웃음, 감동, 즐거움을 줄 수 있는 점포를 만들자고 다짐했다. 그게 바로 '어뮤즈먼트 푸드 홀'이라는 매장 콘셉트다. 쉽게 말하면 '놀이터'를 만들어 독특한 즐거움을 고객에게 제공하는 한편, 일하는 사람도 즐길 수 있는 공간으로 설계하는 것이다.

하지만 단순히 즐거움만을 연출한다고 생각하면 오해다. 하로데이는 점포마다 그 지역의 역사와 문화에 맞는 콘셉트를 정하고 취향을 살려 차별화된 디스플레이를 연출하고 있다. 예를 들어 후쿠오카 시의 메이노하마점에는 유난히 큰 고래가 천장에 장식돼 있다. 이 지역이 과거 어촌이었다는 데서 힌트를 얻어 주위에 펼쳐진 바다를 떠올리고 고래 디스플레이를 생각했다. 그 외에도 기타큐슈의 모지항점에는 모지항의 옛 문화와 분위기를 자아내기 위해 '아르데코Arts Décoratifs 건축양식'을 의식한 매장설계를 했고, 공부의 신이 모셔져 있는 다자이후 시의 오마사노점은 역사의 거리 다자이후를 본뜬 '마호로바의 마을'을 콘셉트로 했다.

한 인터뷰에서 어린이를 동반한 주부는 "아들이 하로데이 점포를 너무나 좋아한다. 놀이터에 있는 것처럼 놀게 하고 장을 볼 수 있는 것으로도 만족스러운데, 독자적인 상품이 구비돼 있고 품질도 좋아 쇼핑이 즐겁다고 느끼게 해주는 고마운 가게다"라고 말했다.

소매업

편의점

미니스톱 주식회사

편의점업계의 트랜스포머

우리에게 너무나 친숙한 편의점은 어디까지 진화할까? 멀티 스토어 콘셉트로 그 한계에 도전하는 기업이 미니스톱이다. 원래 미니스톱은 '콤보스토어'로 잘 알려져 있다. 콤보스토어란 편의점에 패스트푸드점을 결합한 형태를 말한다. 미니스톱은 업계 최초로 콤보스토어를 도입했고 일반 편의점에서 제공하는 상품과 함께 소프트크림, 치킨, 햄버거 등 20여 종을 점포에서 직접 간편하게 조리해서 판매한다. 매장 안에는 2~5평 내외의 패스트푸드 전용 조리실이 있고 점포 내에 취식 공간을 운영하고 있다. 손님이 계산대에서 주문을 하면 직원이 직접 조리해 판매함으로써 타 편의점과 차별화된 패스트푸드 전문 편의점으로 자리매김했다.

미니스톱은 1인 가구와 노인 가구를 위한 다양한 반찬과 먹거리도 풍부히 제공한다. 점심이나 저녁 시간의 식사를 위해 미니스톱은 'HOME DELI' 스토어를 운영하고 있다. HOME DELI에서는 직접 손으로 만든 다양한 종류의 주먹밥과 싱글 반찬(야채, 고기, 해물 등)을 저울에 무게를 달아서 판매한다. 즉 자신이 원하는 제품을 그릇에 담아 저울의 무게만큼 값을 지불하는 것이다. 준비되는 음식들은 계절의 특징이나 날씨 그리고 시즌별 인기 상품들로 구성된다. HOME DELI는 현재 노인 가구, 여성 고객, 그리고 1인 가구에 많은 인기를 얻고 있고 차별화 전략으로 성공하고 있다.

미니스톱은 외식 산업으로까지 확장하고 있다. 퇴근 후 간단히 한잔 즐기고자 하는 샐러리맨 또는 젊은 여성들을 타깃으로 한 새로운 업태를 선보였다. 직장인들은 퇴근 후 시끄럽고 가격이 비싼 이자카야에 가는 것을 꺼린다는 점에 착안해 새로운 서비스를 제공하기 시작했다. 바로 2014년 9월 이후 잇따라 문을 연 '시스카'라는 매장이다. 이 매장은 두 가지 콘셉트가 융합돼 있다. 아침과 점심때는 커피에 오니기리, 샌드위치, 과자 및 빵류, 샐러드 등 허기진 배를 가볍게 채울 수 있는 수요를 공략한다. 반면, 오후로 접어들면 생맥주를 가볍게 한잔 마실 수 있는 이자카야로 변신한다. 오후 3시부터는 편의점 매장에서 시원한 생맥주를 내놓는 것은 물론, 매장에서 구입한 안줏거리를 간단하게 조리해 먹을 수 있는 전자레인지와 편안하게 앉아서 한잔할 수 있는 아늑한 공간까지 마련해놓고 손님을 모으고 있다. 생맥주는 한 잔에 400엔 정도이며, 안주로는 건강과 맛에 고집을 부리며 국산 새우나 히로시마 굴 등을 듬뿍 넣은 알 아히요al ajillo 등을 제공한다. 재미있는 점은 한국 포장마차의 기분을 재현하기 위해 떡볶이도 구비해놓고 있다는 것이다. 가격은 598~698엔 정도로 결코 싼 편은 아니다. 예상외로 수요가 증가함에 따라, 최근에는 지역

맥주local craft beer를 비롯하여 국내외 와인도 골고루 갖추고 있다.

이와 더불어 고령화 사회임을 염두에 두고 노인에게 맞는 전문 상품들을 기획하여, 편의점 한쪽에 노인용품 코너를 마련했다. 여기에는 기저귀와 탈취제 등 70여 가지 노인용 상품이 가지런히 정리돼 있다. 최근에는 코인 세탁기까지 마련돼 있어서 동전을 넣고 간편하게 세탁을 할 수 있다. 1인 가구는 빨래가 밀리거나 제때 하지 못해 곤욕스러울 때가 많은데, 1인 가구가 많은 일본답게 일부 미니스톱에서는 세탁 서비스도 제공하고 있다.

アリアケジャパン株式会社

아리아케자판 주식회사

적응적 판매의 베테랑

적응적 판매adaptive selling가 주목받고 있다. 적응적 판매란 개별 고객의 니즈를 항상 철저하게 파악하고, 그들만을 위한 차별화된 솔루션을 제공하기 위해 민첩하고 능동적으로 대처하는 방식을 말한다. 미국, 프랑스, 네덜란드 등 세계 6개국에 생산 및 판매 거점을 두고 천연 조미료 시장의 글로벌 컴퍼니를 목표로 하는 아리아케자판이 대표적이다. 이 기업에는 '적응적 판매의 베테랑'이라는 수식어가 따라다니는데, 쉽게 말해 원투원마케팅의 선구자라고 보면 된다.

아리아케자판은 돼지나 닭의 뼈에서 진액을 추출해 외식 산업, 가공식품 제조업, 음식 산업 등에 천연 조미료를 제공하면서 성장해왔다. 하지만 단순히 조미료를 판매하는 것만으로는 지금과 같은 규모로 성장할 수 없었을 것이다. 무엇보다도 과거 성공 방식에 안주하지 않고 끊임없이 개별 고객의 독자적인 니즈를 이해하려고 노력한 것이 결실을 보았다.

일본에서 스시만큼이나 친숙한 음식이 라면이다. 일반적인 라면가게에서는 돼지나 치킨 수프를 만들 때 반나절 정도 재료를 끓이는데, 이건 여간해서는 매일 할 수 있는 일이 아니다. 버블경제 붕괴 전 고도성장기에 일본에서는 많은 기업이 탄생하고 점포가 확대됐다. 규모가 커지면서 관리에 문제가 생겼고, 그 과정에서 가게들은 제품의 맛이 달라질 수 있다는 고민을 안고 있었다. 또한 영세한 가게에서는 매일 대량의 수프를 만든다는 것이 불가능하다. 이러한 가게들은 맛의 통일화와 수프 제조의 대량화를 원했고, 아리아케자판은 천연 조미료라는 솔루션을 제공했다. 즉, 요리의 기본 베이스인 수프의 양념이라는 좋은 상품을 제공해 고민을 해결해준 것이다. 아리아케자판에 상품을 의뢰하면 마술처럼 간단하면서 전문 요리사가 아니어도 상품을 쉽게 준비할 수 있도록 도와준다. 가게에서는 작업시간과 인건비를 절감하는 효과까지 얻게 된다. 이러한 이해관계를 전제로 아리아케자판은 일본 외식 산업의 성장과 더불어 성장했다. 그들만의 비법으로 천연 조미료의 제조를 완전 자동화에 성공하면서, 순도가 높은 진액을 추출함과 동시에 압도적인 비용 경쟁력을 실현할 수 있게 됐다.

그렇다고 해서, 아리아케자판의 조미료가 특정화된 한 가지 맛만을 판매하는 건 아니다. 예를 들어 일본에는 쇼유라면, 돈코츠라면 등 여러 종류의 라면집이 존재한다. 한국에도 잘 알려진 체인점 나가사키짬뽕의 국물 베이스와 이치란라면의 국물 베이스는 조미료의 맛이 다르며, 들어가는 재료 역시 다르다. 이처럼 각각의 라면집마다 맛이 다르다. 필자 역시 일본에서 10년 이상을 거주하면서 수많은 라면집을 다녀봤지만, 비슷한 국물 맛을 경험한 가게는 없을 정도다. 그만큼 그들은 자신들만의 독특한 맛을 고집한다. 하지만 가게 입장에서는 국물 맛에 모든 걸 투자하면서 승부하기에는 한계가 있다. 이러한 문제에 대한 답은 여러 종류의 조미료다. 아리아케자판이 개별 라면가게에 특화한 전용 수프를 만든 것이다. 아리아케자판은 개별 라면가게의 수프 성분을 분석해, 그들이 가진 진액을 조합하여 그 라면가게와 동일한 국물 맛을 만들어낸다. 이렇게 해서 가게별로 독특한 맛을 구현한다.

하지만 다른 것만이 능사가 아니다. 아리아케자판은 고객의 상품 이미지에 맞는 맛과 다른 가게와의 차별을 위한 적응적 판매를 동시에 실천하고 있는 것이다. 이 점이 식품 제조업이면서 영업이익률 19%대의 고수익 기업이 된 이유다. 오늘도 특정 고객에게만 맞는 조미료를 만들기 위해 아리아케자판은 노력을 계속하고 있다.

소매업

드럭스토어

주식회사 코스모스야쿠힝

원스톱 방식으로 고객의 편의성을 극대화하다

드럭스토어업계 최강의 이단아, 코스모스야쿠힝이 아우토반을 질주하듯 가공할 성장력을 보이고 있다. 처음으로 1,000제곱미터형 점포를 오픈한 것이 1999년인데, 그 후 지속 성장해 불과 16년 사이에 약 4,730%의 매출 증대를 달성했다. 이 기업은 드럭스토어이면서도 식품 판매액이 매출의 50%를 넘는다. 또한 포인트 환급, 특매, 세일 전단이 없는 매장 연출로 입소문이 자자하다. 이 기업의 최근 매출액 총이익률을 보면 약 19%로, 20%대 후반이 일반적인 드럭스토어업계에서는 이례적으로 낮은 수준이다. 식품에 한해서 말하면, 12%대로 일반 슈퍼마켓의 절반에도 미치지 못한다.

이처럼 코스모스야쿠힝은 업계의 일반적인 통념과는 상반되는 경영을 고수하고 있다. 사실 여기에는 '코스모스야쿠힝에 가면 모든 것을 한 번에 싸게 해결할 수 있다'라는 우노 사장의 경영철학이 깔려 있다. 일반적인 드럭스토어라면 매출액 대부분을 의약품 및 화장품이 차지한다. 하지만 코스모스야쿠힝은 수익의 절반 이상이 식품이다. 채산성은 낮지만 구매 빈도가 높은 상품을 미끼로 일단 점포 방문 동기를 높이자는 전략이다. 이 기업의 재고회전율은 12회로 업계 1위인 마쓰모토키요시를 50%가량 웃돈다. 티끌 모아 태산이라는 말이 있듯이, 적은 이익폭이라도 꾸준히 늘리면 엄청난 금액이 된다. 실제로 2016년 결산에서 최고치인 92억 엔의 순이익을 남겼는데, 이는 8년 연속 전년도 대비 순이익 증가를 달성한 놀라운 기록이다.

탄탄한 이익 성장의 지속성에 대해 우노 사장은 "상권 비즈니스의 성패는 얼마나 많은 고정 고객을 만들 수 있는지에 달렸다"라고 한다. 먼저 '실내 사령탑'의 의미를 가진 그리터 제도가 특징이다. '그리터'라고 불리는 매장 안내원은 고객을 매장까지 안내하거나 고객의 쇼핑 봉지를 차까지 운반해주는 '캐리 서비스'를 제공한다. 그 외에 주차장을 돌며 고객들의 차량에 문제가 있는 것은 아닌지 확인하는 경비 역할까지 맡는다. 그리터는 고객과 매장은 물론 주차장까지 항상 신경 써야 한다. 또한 10~12명의 점원이 언제든지 그리터 포지션으로 옮길 수 있도록 준비하고 있다. 점원이라면 가게 안의 모든 업무를 맡을 수 있는 '만능'으로 훈련돼야 한다는 생각이다.

더욱이 점포 안에서는 10분 내에 쇼핑이 끝날 수 있는 명쾌한 매장을 목표로 하고 있다. 상품을 압축해 같은 상품을 대량으로 진열하고, 매장 설계를 정돈해 상품을 찾기 쉽게 했다. 그 덕에 소비자들은 상품을 찾는 불편함과 매장 내에서 낭비하는 시간을 최소화할 수 있었다. 우노 사장은 식품을 포함한 일용품 쇼핑이 소비자에게는 귀찮은 일이기에 가능하면 빨리 끝내고 싶어 하는 것이 정상이라고 생각했다. 그리고 그 생각이 점포 내에 적용돼 10분 내에 쇼핑할 수 있는 매장을 만들었다. 주부들의 심리를 파악해 짧은 시간에 쇼핑할 수 있는 매장으로 만들어 고객의 방문 빈도를 높이는 데 성공한 것이다.

또 넓은 매장에서 배치를 간결하게 하면, 카트를 밀고 쇼핑하는 고객도 움직이기 쉽다. 가게 안의 유람성이 높아지면 고객은 그만큼 많은 상품을 조사하고 비교하게 된다. 고객의 계획구매도 중요하지만 충동구매를 촉진하는 것, 그것이 바로 코스모스야쿠힝의 마케팅 전략이다. 이런 마케팅 전략의 힘으로 이제는 규슈 · 오키나와 지역 최고의 매출액과 이익 성장률을 자랑하는 명실상부한 소매 기업이 됐다. 최근 그들의 또 다른 도전은 상업의 격전지인 간사이 지역으로까지 확대되고 있다. 드럭스토어와 슈퍼마켓을 넘나드는 그들의 비즈니스 모델 성과에 세간의 이목이 집중되고 있다.

주식회사 사카이힛코시센타

영업사원에게 현장에서의 교섭권을 주다

사카이힛코시센타는 2014년 3월 결산 이후, 매출액과 거래 건수에서 이사업계 넘버원의 자리를 고수하고 있다. 후발주자로서의 핸디캡을 극복하며 이사 거래 건수에서는 일찌감치 업계 수위가 됐으나, 매출액에서도 업계 최대의 라이벌 니혼쓰운을 제친 것은 창업 42년 만의 쾌거였다. 이사 거래 건수를 보면 놀라지 않을 수 없는데 2015년 한 해 동안 71만 331건의 이사를 책임졌다. 이 숫자는 하루에 1,946건꼴이며, 일본 국내 이사에서 3분의 1 이상을 사카이힛코시센타가 담당한 것이다.

이사 고객을 획득하기 위해서는 먼저 견적을 받아야 한다. 하지만 더 중요한 건 실제 견적을 받기 위해 거래처를 방문하는 영업사원의 교섭력이다. 그 영업의 성공률은 전국 평균 93%로 매우 높다. 눈에 보이지 않는 서비스에서 차별화에 성공하기란 상당히 어렵다. 이사라는 상품을 어떻게 설명하는가, 화술이나 고객 친밀성 등 개

개 영업사원의 실력도 중요하지만 그보다 우선되는 것은 사카이힛코시센타라는 회사를 고객에게 이해시키는 전략이다. 간토본부법인과 차장인 신타니 씨는 "가격으로 승부하려고 생각하지 않는다. 대부분의 고객은 사카이힛코시센타를 잘 모른다. 그래서 먼저 주가 추이나 주가수익률, 기업 실적 등을 설명한다"라고 말한다. 매출이 성장하고 있는 회사라면 고객은 안심한다. 이때 성장의 이유가 품질의 차이라고 이야기를 해주는 것이 중요하다. 고객과 이사 가격 협상이 어느 정도 무르익으면 대개는 영업사원이 그 수준에서 물러나 회사로 돌아와 검토하지만, 이 기업에서는 그렇게 하지 않는다. 젊은 영업사원이라도 그 자리에서 전화를 걸어 상사와 이야기하고, 한 번의 영업으로 이야기를 끝맺는다. 신타니 씨는 "영업사원이 두 번, 세 번 왔다 갔다 하면 그만큼 비용이 든다. 또한 고객으로서도 교섭권한이 없는 영원사원에게 불쾌감만 느끼게 될 것이다. 딱 한 번의 영업 기회를 판매로 연결할 수 있다면 그만큼 이사비용을 싸게 할 수 있다"라고 말한다.

영업사원의 교섭권한은 이사비용에만 국한되지 않는다. 이사를 하게 되면 불필요한 가구나 옷, 쓰레기들이 많이 생긴다. 일본에서 이러한 불필요한 물건들을 처리하는 일은 귀찮은 일상 업무 중 하나다. 먼저 편의점에 가서 버리고 싶은 물건에 맞는 수입인지를 사야 한다. 그런 다음 관련 기관에 전화를 걸어서 버리는 날짜를 예약해야 한다. 하지만 전화를 한다고 해서 바로 가지러 오는 것도 아니다. 통상 며칠을 기다려야 한다. 드디어 그날이 되면, 지정된 시간에 지정된 장소에 갖다 놓아야 한다. 그렇지 않으면 다시 예약을 해야 하므로 무척 번거롭다. 물론 많은 이삿짐센터가 이런 불필요한 물건을 대신 처분해주는 서비스를 해주지만 그 비용이 정말 만만치 않다. 게다가 사카이힛코시센타를 이용하는 고객은 상대적으로 합리적인 이사비용을 선호하는 경향이 있기에 영업사원도 이러한 상황을 그냥 지나치지 않는다. 고객이 마지막까지 결정을 하지 못하고 망설일 때, 불필요한 물건들을 최대한 무료 서비스로 처분해준다는 교섭 조건을 제시하는 것이다. 고객도 구전, 과거 경험, 인터넷 등을 통해 내심 그 말을 기다리고 있을지 모른다. 이렇게 사카이힛코시센타는 영업사원에게 현장에서의 교섭권한을 부여하고 낭비를 철저하게 줄여 기업 이미지도 높이는 효과를 누리고 있다.

물류업

육상운송

総合物流業 遠州トラック株式会社

엔슈토랏쿠 주식회사

현장에 이익의 씨앗이 있다

최근 물류업계를 보면 물류에 대한 핵심역량을 최대한 발휘하는 3자물류3PL: 3rd Party Logistics 전문 업체의 성장이 두드러진다. 3자물류란 기업 전략의 하나로 물류기능의 전체 또는 일부를 제3의 기업에 위탁하는 업무 형태를 말하며, 통상 3PL로 불린다. 엔슈토랏쿠는 시즈오카 현 서부 지역을 거점으로 하는데 3PL을 중심으로 지속 성장을 달성하는 기업이다. 그 외에도 SCM물류, 공동배송, 창고 업무, 이사 업무, 자동차 정비 업무까지 물류 효율화의 폭넓은 제안을 하고 있다. 엔슈토랏쿠는 전국 15곳의 영업소를 거점으로 약 350대의 트럭을 가지고 있으며, 물류센터는 렌털을 포함해 약 100곳이나 된다. 수송부터 보관 및 물류가공까지 모든 프로세스를 일원화한 종합물류 서비스를 제공하기 위해 노력하고 있다.

사와다 사장은 "현장력의 중요성은 아무리 강조해도 지나치지 않다"라고 강조한다. 그래서 늘 창고와 영업, 트럭의 생산성에 세심한 주의를 기울인다. 중도 채용에 치우쳐 있던 인재 확보 방법을 재검토하여 최근에는 1년에 2~3명의 신입사원 운전자 채용을 시작했다. 대형 면허는 21세 때부터 취득할 수 있기 때문에, 고졸 신입사원은 다른 부서에 배치하고 자사에서 훌륭한 운전자를 양성하는 교육을 충실히 받게 한다.

사람이 핵심역량인 물류 기업으로서 안전관리의 중요성은 두말하면 잔소리다. 엔슈토랏쿠는 약 6,000만 엔을 투자해 실제 트럭 차체를 사용한 운전 시뮬레이터도 도입했다. 2013년 7월 시즈오카현에 설립한 드라이버 시뮬레이션 센터가 그것이다. 트럭 운전사들은 그곳에서 안전운전에 필요한 세 가지 요소인 자기관리 및 억제력, 위험 예지력, 위험 회피력에 기초한 교육을 받을 수 있다. 운전자의 운전 기능을 끌어올리는 것뿐만 아니라, 그들의 안전운전에 대한 의식을 철저히 하기 위해서 설립된 것이다.

"이익의 원천은 현장에 있기에, 현장에서의 실수는 치명적이다"라고 사와다 사장은 굳게 믿고 있다. 그래서 그는 직원 모두가 사내에 숨기는 문화를 만들지 않도록 애쓰고 있다. "실수를 숨김으로써 상처가 커지고, 알아차렸을 때는 돌이키지 못할 우려가 있다. 그런 사태를 막기 위해서는 실수를 보고받을 때 무조건 나무라지 말아야 한다"라며, 실수의 원인을 자신과 함께 생각해 개선해나간다고 말한다. "성공한 것은 나서서 말하지만, 실수한 것은 잊어버리고 싶을 것이다. 하지만 그 부분을 무시하면 기업의 성장은 있을 수 없다. 직시하는 것이 중요하다"라고 말하는 사와다 사장은 현장에 이익의 씨앗이 있다고 믿는다.

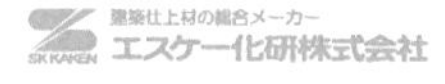

주식회사 에스케카켕

시대적 요구에 솔루션을 제공

에스케카켕의 주요 사업활동은 각종 건축물이나 구조물 등의 내 · 외부 표면에 페인트류나 기타 도료를 칠하는 재료와 도장용구의 제조 · 판매다. 해당 분야에서 53%(2015년)의 압도적인 시장점유율을 차지하고 있다.

경기 침체와 함께 건설업계는 직격탄을 맞았다. 신축보다는 기존 아파트 및 주택의 리모델링 수요가 증가했기 때문이다. 더불어 동일본 대지진의 영향으로 에너지 절약과 안전을 요구하는 목소리가 무척 높아졌다. 이런 시대적 바람을 등에 업고 에스케카켕은 일본 내 최초로 불연 단열재와 철골 의장을 살리는 자재, 초저오염 벽지와 같은 부가가치가 높은 제품의 개발에 성공했다. 완전히 새로운 상품을 개발하는 것보다 이미 있는 상품에 높은 부가가치를 부여하는 것으로, 보다 안전한 방법으로 이익을 달성하려는 지극히 일본적인 경영전략일 수 있다.

그렇지만 에스케카켕이 기존 상품에 부가가치를 높이는 상품화 전략만을 고집한 것은 아니다. 에스케카켕은 창업 5년 후 연구·개발을 위한 연구부를 설립하는 등 신상품 개발에 열정적이었다. 특히 연구·개발에는 인간과 환경을 우선하는 창업정신이 깃들어 있었다. 원래 에스케카켕은 폐용제를 재활용하는 영세 기업으로 시작해 두 차례의 오일 쇼크를 경험했다. 그 과정에서 공급이 불안정한 석유나 가스를 이용하는 것보다는 공급이 용이하며 인간에게 나쁜 영향을 끼치지 않는 돌과 모래 같은 자연 소재를 사용한 무기질 페인트(실내 특수 코팅 마감재 또는 도료) 개발에 성공하기도 했다.

하지만 에스케카켕의 성장은 순탄하지만은 않았다. 오일 쇼크 당시 주요 거래처의 도산으로 엄청난 부채를 껴안으며 도산의 위기도 맛본, 한마디로 산전수전 다 겪은 기업이다. 이뿐만이 아니다. 현장에서의 사고는 치명적이었다. 1992년, 오래된 아파트 외벽을 도장하기 위한 기초 보수재를 개발한 에스케카켕은 그 제품으로 큰 이익을 얻었다. 그러나 판매 1년 후에 보수재가 벗겨진다는 클레임이 전국 곳곳에서 제기됐다. 원인을 조사한 결과 제품의 검증 테스트 과정이 생략됐다는 문제가 드러났다. 창립 35년여 동안 쌓아온 신용이 하루아침에 물거품이 돼버린 것이다. 그들은 클레임을 접수한 모든 현장에 대응하고, 고개 숙여 전액 보상을 약속했으며 모두 복구하기 위해 애썼다. 이를 계기로 '무에서 유를 낳는다'라는 창업정신을 다시 한 번 가슴 깊이 되새기며, 시대적 요구에 맞춰 솔루션을 제공하는 연구·개발에 더욱 박차를 가했다.

현재 에스케카켕은 중국 각지를 비롯하여 싱가포르, 말레이시아, 홍콩, 한국, 타이, 베트남, 인도 등에 적극적으로 사업소를 확대해 가고 있다. 각국 건축문화의 향상에 기여하는 21세기 글로벌 기업으로 재도약을 꿈꾸고 있다.

주식회사 이즈미

점포주도형 지역밀착경영

일본 슈퍼마켓업계에서 동쪽에 야오코가 있다면, 서쪽에는 이즈미가 있다. 원래 이즈미는 본사가 있는 히로시마와 가까운 오카야마 등을 중심으로 도미넌트 전략을 펼쳐왔다. 1990년 버블 붕괴 후에는 대규모 소매점포법(한국의 유통산업발전법)이라는 소매업의 출점규제 완화로 시코쿠나 규슈 지역까지 점포를 확장하면서 지속 성장을 이뤄왔다. 2016년 2월 기준 쇼핑센터, 종합슈퍼(한국의 대형 마트), 슈퍼마켓 등 다양한 업태에 103개 점포를 둘 만큼 몸집을 키워왔다. 그 시간 동안 변하지 않은 단 한 가지가 점포주도형 지역밀착이라는 확고한 경영철학이다. 바로 이 경영철학이 무려 46년 이상 연속으로 기업의 몸집을 키울 수 있었던 초석이다.

유사한 업태로 경쟁하는 전국 체인 이온이나 이토요카도 등의 영업 부진은 어제오늘의 일이 아니다. 이런 가운데 지방 슈퍼체인 이즈미의 저력이 빛을 발하고 있는데, 그 이유는 너무나 단순하다. 예를 들어 이온은 소비세 인상 이후 가격을 낮추거나 PB 상품을 확대하는 등 가격 추구형으로 고객에게 어필했다. 이와 대조적으로 이즈미는 PB 비율을 억제하고 차별화된 제조업체의 NB[National Brand] 상품이나 현지 지역 상품 및 특산물의 조달에 정성을 쏟았다. 소매업에서 상품 전략의 차이는 기업 성과의 명암을 가르는 가장 큰 요인이다. 이즈미 관계자는 "상품 조달력을 향상시키고 차별화하기 위해서는 현장주의를 철저히 하는 것이 핵심"이라고 말한다.

이러한 경영철학은 1993년에 입사한 야마니시 사장이 본사주도형에서 점포주도형으로 전환을 주장하면서부터 시작됐다. 이에 따라 매장 주임이 본사의 상사인 차장과 교류하면서 매출액과 판매 효율, 매출총이익률, 상품 로스율, 업무 개선 등을 중심으로 상품 진열 형식과 가격의 최종 결정 등을 본사로부터 피드백을 받아 업무 실적 데이터를 분석한다. 매장 주임이야말로 본사의 그 누구보다도 현장을 잘 알기 때문이다.

점포주도형 조직의 효과를 올리기 위해서는 점포 직원들의 자발적 동기부여를 어떻게 강화할 수 있는지에 대한 관리양식도 중요하다. 이즈미에는 시간제 직원도 매장 주임이 될 수 있는 파격적인 제도도 마련돼 있다. 정규직과 비정규직의 경계 없이 서로가 협력해 목표를 달성할 수 있도록 노력하는 환경을 만들기 위해서다. 현재 이즈미의 주임 5명 중 1명은 시간제 비정규 직원에서 승진하는 추세다.

또한 각 점포의 매장 부문을 토대로 점포 간 벤치마킹 활동에도 주력하고 있다. 각 매장 부문이 벤치마킹한 점포의 수치를 보면서 그달에 자신의 매장은 어떠했는지, 왜 자신의 매장은 다른 매장에 뒤

떨어지고 있는지 등을 점포 간부가 분석해 업무 개선안을 검토한다. 그 결과 사내에 점포 간, 부문 간 경쟁이 발생해 본사가 특별한 활동을 하지 않아도 업무 개선을 위해 자발적으로 노력하는 분위기가 조성됐다고 한다. 이처럼 점포에 의한 부문별 손익관리체제는 조직의 활성화에 크게 공헌하고 있다.

도매업

종합식품

KATO
流通を最適ソリューション

카토산교 주식회사

권한위임을 통한 현장중시 영업력

한국과 일본 양국의 유통 부문에서 가장 큰 차이점은 도매상의 역할이다. 이온 그룹과 같이 거대 유통 기업이라도 일본에서는 도매상과의 거래를 소홀히 하면 살아남을 수 없다. 그런데 최근에는 제조업체와 소매업체가 대규모화되고 직거래가 늘어나며 인터넷 상거래가 발전하면서 경쟁력 없는 도매상은 경영파탄에 내몰리고 있다. 고래 싸움에 새우 등 터진다는 속담이 현재 일본 도매상의 현실이다.

카토산교는 역사적으로 현장에서 활약하는 영업사원을 어떻게 강하게 할 것인가를 의식해왔다. 식품 도매업의 기능으로서 중요한 것은 먼저 상품을 운반하는 것, 거기서부터 정보를 제공하는 것이다. 소매업 간의 경쟁이 격화되는 시대에 특히 중요한 것이 정보다. 카토산교에서는 고객으로부터 얻은 POS 데이터를 분석하는 일은 현장에서 고객과 직접 접하는 종업원이 담당하고 있다. 본부에도 정보분석을 하는 조직은 있지만, 거래 현장이나 소매점을 알고 있는 영업사원이 대응하지 않으면 그다지 의미가 없다고 생각하기 때문이다.

거래처로부터의 요청에 어떻게 대응할 것인가 하는 판단은 지점장이 맡고 있다. 고객관리나 대응은 지점에서 전임하며, 독립채산제이므로 지점에서 일하는 영업사원도 전체 수익을 파악하고 있다. 따라서 단순히 매출을 올리면 된다는 감각이 아니다. 자신들이 이익을 낸다는 의식을 영업사원 한 사람 한 사람이 모두 가지고 있다. 그 결과 식품 도매업계에서 매출액이 네 번째로 성장하는 쾌거를 이뤘다. 최근에는 '칸피'라는 PB 상품을 개발해 딸기잼 등을 이온 그룹 계열의 슈퍼마켓에 납품하며 높은 이익률을 자랑하고 있다.

물류업

창고 · 운수

TRANCOM トランコム株式会社

토란코무 주식회사

시대의 변화에 맞춘 원스톱 3PL

토란코무는 1959년 6월 22일에 설립되었다. 현재 아이치 현 나고야 시 히가시 구에 본사를 둔 종합 물류 기업이다. '주식회사 나고야 전송센터'로 시작하여 1989년에 중부 물류 서비스 기업 및 아이코 시스템 교통 주식회사를 합병하고 상호를 '토란코무 주식회사'로 변경하였다. 토란코무는 최근 약 10만 6,815백만 엔(2016년 3월)의 매출을 달성했다. 버블경제 붕괴를 알리는 1990년도의 매출액(1,910백만 엔) 대비 약 5,492%나 맷집을 키운 놀라운 수치다. 2015년 일본의 3자물류3PL 시장은 약 2.5조 엔으로 2009년과 비교하면 불과 6년 만에 규모가 2배로 껑충 뛰었다. 그만큼 고객 기업의 물류활동 전반을 전문적으로 담당하는 물류 전문 기업, 즉, 3자물류 회사의 수요가 많아졌다는 말이다. 일본은 1990년대 물류 부문의 경쟁규제가 철폐됐다. 규제 완화 이후 물류 기업들은 전반적으로 수익이 악화됐고, 이에 3PL을 주목하기 시작했다. 토란코무는 미래 통찰력을 발휘해 이 같은 시대의 변화에 누구보다도 발 빠르게 대응했다. 바로 3PL이라는 전문적인 물류 전문 분야에 주력함으로써 대박을 만들어낸 것이다. 그 배경을 간단히 살펴보자.

일본 경제산업성 조사에 따르면 과거에는 B2B(기업과 기업 간 거래)가 많았지만, 인터넷의 등장과 전자상거래의 발달로 B2C(기업과 소비자 간 거래)가 증가했다. 이와 함께 물류의 형태 역시 변화했다. 쉽게 말하자면, 과거에는 물류라는 것이 일반인들에게는 기껏해야 우체국 택배가 전부였다. 하지만 오늘날에는 11번가나 쿠팡 등을 이용해서 손쉽게 물건을 구매해 집까지 바로바로 배달받는다. 택배회사 관점에서 보면 과거와 비교해서 단위가 큰 사업은 줄어들고 단위가 작지만 양이 많아진, 즉 박리다매 형식이 된 것이다. 구조적인 물류의 변화가 있는 가운데에서도 토란코무는 변화에 적절히 대응했기 때문에 지속적인 성장을 이룰 수 있었다.

또한 지금까지는 배송 물류센터 운영이 고객의 요구에 맞춰 각각의 영역에서 최적화가 요구됐다. 하지만 앞으로는 공급체인 전체의 최적화 및 해외에서도 대응하는 힘이 요구된다. 이런 상황을 내다보고 대부분의 물류 기업은 물류센터를 운영하며, 거기에서 제품의 배송을 일괄 도급받는 3PL을 주 사업으로 하고 있다. 이러한 상황에서 토란코무는 단순한 3PL에서 한 차원 더 나아가 제조업체가 원재료를 조달하는 곳에서 시작해 공장에서 생산된 제품을 각 소매점포에 배송하기까지, 보다 폭넓은 영역을 원스톱으로 제공하는 '원스톱 3PL'이라는 차별화된 물류 서비스를 경쟁력으로 내세워 주목받고 있다.

좀더 구체적으로, 토란코무의 물류 서비스는 사업 영역을 가리지 않고 다양한 업종의 고객을 지원하도록 하여, 핀 포인트 요청에서 물류 시스템의 재구축까지 물류에 관한 모든 것을 폭넓게 지원한다. 또한 전국의 협력 운송 업체에서 차량 운행 정보를 통합하여 고객의 요구에 맞는 차량을 매칭하는 서비스도 제공한다. 전국의 31개 정보센터와 약 1만 3,000개의 네트워크를 활용한 덕분으로, 이들의 물류정보 서비스는 화물을 요구하는 트랙과 트랙을 요구하는 화주의 정보를 수집하여 소개하고 상호의 요구가 일치하는 경우에 매칭을 한다. 이때 정확도 높은 매칭을 실현하기 위해 정보 활용 대시보드인 'Motion Board'를 채택하여 정보를 탐색하는 과정에서 정밀도 향상과 업무의 효율성을 상승시켰다.

이처럼 공급체인 전체의 업무 효율화와 서비스 제공의 최적화를 실현시켜 토란코무는 일본 유일의 물류회사가 될 수 있었다.

제 2 장

차별화된 가치를 제공하는 전문성

제조업

음료

伊藤園

주식회사 이토엔

제품의 특성을 고려한 기술 개발

1966년 차를 만드는 작은 공장으로 시작해 반세기가 넘도록 일본의 차 문화를 대표해온 기업이 이토엔이다. 버블 붕괴 후 16년간 증수증익을 기록한 이토엔은 원래 찻잎 도매 거래업체였다. 예전 찻잎 시장에서는 무게를 달아서 판매하는 방식이 일반적이었다. 그런데 이토엔은 간편성과 보존성이 뛰어난 팩에 넣은 찻잎을 개발 및 발매해 그때까지 관련이 없던 슈퍼마켓 시장을 개척한 도전적 기업이다. 1980년 세계 최초 우롱차를 캔에 넣어 판매, 1982년 찻잎업계 최초로 포장팩 차에 제조일자 및 소비기한 표시, 1989년 일본의 국민 녹차 오이 오차Oi Ocha 발매, 2000년 가열 페트병에 든 차음료 판매 등 이토엔의 차음료에 대한 사랑은 계속됐다. 이토엔이 수십 년 동안 녹차 시장 1위 기업이라는 지위를 유지할 수 있던 것은 혼조 회장의 녹차 음료에 대한 명확한 상품 콘셉트와 녹차 전문 메이커로서 고품질 제품의 개발에 대한 집념이 뒷받침됐기 때문이다.

1989년 발매된 대히트 상품 오이 오차 제품의 중요한 특징은 이토엔만의 독자적인 제조 방법으로 일본의 전통적인 찻주전자에 끓인 차의 맛과 향을 낸다는 점이다. 이토엔의 기술은 높은 품질의 재료에서 최고의 맛을 끌어낼 수 있도록 해준다. 천연 소재로 만든 마이크로 필터는 퇴적물 및 부유물질 없이 깔끔한 차를 마실 수 있게 해준다. 또한 2000년에는 세계 최초로 가열 페트병 제품을 출시하는 등 기술 차별화에 성공했다. 이전부터 페트병에 들어 있는 따뜻한 차를 마시고 싶다는 소비자의 요구는 존재했지만, 캔과 달리 페트병을 가열하면 산소가 용기 내에 침입하기 쉬워 풍미를 잃을 가능성이 있었다. 그러나 이토엔의 기술은 녹차음료를 병에 채워 넣는 과정에서 신선도에 가장 큰 위협이 되는 산소와의 접촉을 방지한다. 이토엔만의 독특한 기술로 맛과 향을 보장하는 것이다.

1986년 '칸이리센차(1985년 판매 개시)'가 니혼케이자이신문사 '닛케이 연간 우수 제품상'을 받은 것을 비롯하여 미래기술부 장관상(1994), 농림수산부 장관상(1996)을 연달아 받았다. 또한 1987년에는 미국, 1994년에는 호주에 일찌감치 자회사를 설립해 글로벌 차 전문 브랜드로 입지를 굳혀가고 있다. 이토엔의 차 브랜드에 대한 고객 제일주의는 남다르다. 그들은 이토엔의 모든 것이 'STILL NOW'에서 시작된다고 말한다. 즉 "지금 이 순간에도, 고객은 어떤 불만을 가지고 있을까"라는 문제의식을 가지고, 오늘도 이토엔은 어제보다 더 좋은 차 전문 브랜드가 되기 위해 고민하고 있다.

소매업

의류 전문점

しまむらグループ

주식회사 시마무라

점포 간 재고회전 전략

시마무라는 최신 트렌드 패션을 압도적인 저가격으로 제공하는 의류 전문점이다. 주로 교외를 중심으로 출점하는데, 2017년 2월 기준으로 1,365개 점포를 운영하고 있다. 최대의 라이벌인 유니클로가 교통이 편리한 지하철 및 전철역 등 도심 상권에서 젊은 층을 노리는 것과는 전혀 다른 점포 출점 전략이 특색이다. 최근 시마무라의 브랜드력은 이전부터 공략해온 30~40대 주부를 비롯한 중장년층뿐만 아니라 젊은 세대에까지 급속하게 침투하고 있다. 시마무라의 상품으로만 패션을 꾸미는 10~20대 여성을 지칭하는 '시마라'라는 신조어가 생겨났을 정도로 인기를 얻고 있다.

사실 한국에서는 유니클로가 많이 알려져 있지만, 기업의 성장력에서는 시마무라가 압도적이다. 버블경제가 무너진 1991년을 기준으로 보면 시마무라는 2009년 2월 결산에서 -0.09%의 매출액 성장을 보였는데, 그 한 해를 제외하면 2017년 2월까지 25년간 매출액이 꾸준히 성장해왔다. 이 기간의 평균 매출액 성장률이 무려 8.77%나 된다. 최근 H&M 등 외국자본 기업의 공세에 일본 내 의류 체인의 실적 악화가 심화됐지만, 시마무라는 오히려 2017년 2월 결산에서 최고의 매출액(약 5,593억 엔, 개별결산)과 영업이익(약 492억 엔, 매출액 대비 8.8%)을 달성했다. 이러한 지속 성장을 떠받치고 있는 그들만의 비결은 어쩌면 단순하다.

유니클로가 100% PB 상품을 취급하는 반면, 시마무라는 아직까지 공급업체를 통한 '완전매입제'를 추구한다. 시마무라는 제조업체에서 상품을 매입한 뒤 재고를 모두 스스로 처리한다. 제조업체의 책임은 상품을 만들어 납품하는 것까지이고, 그 뒤는 시마무라의 몫이다. 그 룰은 철저하게 지켜지고 있으며, 반품은 일절 하지 않고 매입한 상품은 모두 책임지고 판매한다. 상품이 남아도 추가적인 가격 인하는 요구하지 않는다는 규정이 있어서 제조업체도 물류나 사무 처리 등의 추가 비용이 발생하지 않기에 상품을 싸게 제공할 수 있는 것이다.

시마무라의 완전매입제를 가능케 하는 것이 재고 상품의 점포 간 회전 전략이다. 어떤 매장에서 팔리지 않는 상품은 다른 매장으로 회전시키며, 그 매장에서도 팔리지 않으면 또 다른 매장으로 이동시키는 방법으로 판매 기회를 지속적으로 찾는 것이다. 하나의 아이템이 팔릴 때까지 몇 개의 매장을 돌고 도는데, 이렇게 하다 보면 결국 다른 매장에서는 신선한 아이템으로 받아들여져 팔릴 기회를 갖게 된다.

시마무라에서는 상품을 일단 물류센터로 돌려보낸 후 다시 다른 매장으로 보내는데, 이 처리 과정이 불과 1~2일 안에 행해진다. 가능한 한 손님의 눈에 장시간 노출되도록 해야 판매 가능성이 높아지기 때문에 처리 속도가 매우 중요하다. 재고 상품을 아무 매장으로나 보내는 것은 아니다. 재고 부족의 조짐을 보이는 매장 중 상권 특징이나 상품의 특징 등을 고려해서 보낸다. 이동되는 상품의 기간은 아무리 길어도 3개월 내로 한정하고 그 기간 내에 판매되지 않으면 다른 매장으로 재빨리 이동시킨다. 최종적으로 팔리지 않는 상품은 단념하고 처분하기도 하지만 '단념하기 전에 상품을 다 판매한다'가 시마무라의 목표다. 실제로 거의 100%에 가까운 판매 기록을 보이고 있다.

소매업

슈퍼마켓

주식회사 산에

지역 전문가의 파워

오키나와에서는 적이 없는 기업이 있다고 한다. 오키나와의 자랑으로 고객의 압도적인 지지 속에 성장해온 슈퍼마켓 산에 이야기다. 오키나와에 간 관광객들이 지역 명물 점포나 백화점 등이 아니라 산에라는 슈퍼마켓에 가서 선물을 산다고 해서 꽤 유명세를 탄 기업이다. 산에는 일본 열도의 본토 기업과 적극적으로 스킨십을 하며 프랜차이즈 계약을 맺는 한편, 본업인 슈퍼마켓에서는 지역 전문가로서 현지 니즈에 맞는 지역 출점에 집중한다.

산에는 오키나와 현에만 집중 출점하는 도미넌트 전략을 사용한다. 수요 규모가 있는 특정 지역에 집중 출점하면 현지 소비자를 잘 알 수 있기 때문에 유통 및 광고선전 등의 효율도 높일 수 있다.

산에는 본토 기업과도 적극적으로 손잡고 있다. 프랜차이즈 계약을 맺음으로써 오키나와에서의 시장 지위를 지키고, 본업인 슈퍼에서는 지역 집중 출점의 이점을 살린 공격적인 경영을 관철할 수 있기 때문이다. 예를 들어 2006년에는 드럭스토어 최대 기업인 마쓰모토키요시와 오키나와 현 내에서의 독점적인 프랜차이즈 계약을 체결하고 이토만 시에 1호점을 냈다. 1호점은 오키나와의 야간형 생활 스타일에 맞춰 영업시간을 통상보다 2~3시간 늘려 자정까지 문을 연다. 심야에 쇼핑하는 현지 관습을 알고 있기에 지역 니즈에 대응한 출점이었다. 그 결과 "2006년에 오픈한 전국 점포 중에서 산에의 두 점포 실적이 단연 정상급"이라고 드럭스토어인 마쓰모토키요시의 직원도 극찬할 정도다.

산에는 지역의 독자성도 중요하게 생각한다. 현지 상품을 많이 취급하면 지역사회의 지지도 얻기 쉽기 때문이다. 전국 체인 소매 기업들은 규모의 경제를 우선시하기에 물건 구색이 획일화되는 경향이 강하다. 이와는 대조적으로 한 지역에 튼튼한 기반을 둔 소매 기업은 현지 소비자가 어떤 상품을 원하는지, 그 니즈를 파악하기가 쉽다. 또한 그러한 니즈에 딱 들어맞는 현지 조달력도 강하게 발휘할 수 있다. 현지 거래처와의 장기적인 신뢰관계를 구축하기가 비교적 쉽기 때문이다. 특히 비즈니스를 위해서는 무엇보다 신뢰관계 구축이 우선시되는 일본의 독특한 상거래 관행에 대해 들어본 독자라면, 현지 거래처와 장기간 협력적 관계를 구축하는 것이 최고의 자산이라는 점을 잘 알 것이다.

산에는 최근 지역의 독자성을 강화하면서 로손과의 협력도 확대해가고 있다. 2014년 11월에는 오키나와 한정 판매로 두 회사의 PB 상품인 '로손 세레쿠토'가 탄생했다. 현지 소비자가 즐겨 찾는 상품을 현지의 신선한 식재료를 조달해 더욱 창조적인 맛으로 탄생시킨다는 콘셉트다. 예를 들어 타코라이스, 오키나와소바, 흑설탕 생강 파우더 같은 독특한 상품들이 고객의 극찬을 받고 있다. 로손의 한 관계자는 "산에의 경영 전략을 받아들이면서 오키나와다운 로손을 만들 것이다"라고 말한다.

이 외에도 오키나와 농업협동조합과 전통 야채인 '시마야사이'의 생산과 유통을 지원하고, 2002년에 신사복 전문점 온리ONLY와 제휴한 '더 슈퍼 슈츠 스토어THE @ SUPER SUITS STORE'에서는 오키나와의 여름 정장이 되는 반소매 셔츠 '카리유시'를 판매하는 등 지역 독자성 또한 존중하는 경영을 실천하고 있다. 본토 기업은 오키나와 시장에 흥미가 있어도 현지의 지명도나 독특한 소비문화가 벽이 된다고 고충을 털어놓는데, 산에는 지역에서 쌓아 올린 신용과 경험을 빌려주고 대신 상대로부터는 일명 '노렌', 즉 영업권과 노하우를 받는 전략으로 오키나와 넘버원 기업이 될 수 있었다. 그 덕분에 2016년 결산을 기준으로 최근 26년 이상 매년 매출액이 증가하는 쾌거를 달성하고 있다.

도매업

화장품 · 일용품 · 일반의약품

주식회사 PALTAC

납품 정밀도 100%에 도전하는 물류 시스템

PALTAC

세계 최고의 장수 국가로 알려진 일본에서 100세 인생은 그다지 놀랍지 않다. 그럼, 기업의 수명은 도대체 얼마나 될까? 2015년 도산 기업을 분석한 도쿄쇼코리서치에 따르면 평균 24.1세에 불과했다. PALTAC 입장에서 보면 이들 기업은 증손주, 아니 고손주 정도에 해당한다. 화장품, 일용품, 일반의약품 도매업계에서 굴지의 기업인 PALTAC은 1898년 창립해 무려 120년 가까운 찬란한 역사를 가지고 있다. 바퀴벌레보다도 더 끈질긴 생명력을 지녔는데, 그들만의 독자적인 물류 시스템에 그 비결이 있다.

PALTAC의 주요 고객은 편의점, 슈퍼, 드럭스토어 등이라서 낱개 단위의 소량 납품 요구가 쇄도한다. 이런 다품종 소량 물류에 대응하는 것은 잦은 실수를 동반할 뿐만 아니라 업무의 비효율을 초래하기 쉽다. 하지만 PALTAC은 오히려 타사가 힘들어하는 다품종 소량 물류에도 상당한 자부심을 가진다. 예를 들어 RDC Regional

 긴키에서는 수작업과 IT를 융합해 낱개 단위로 월간 900만 개 이상의 상품을 피킹하지만, 그 납품 정밀도가 99.999%에 이른다. 이 정도로 배송이 정확하면 납품처인 소매점에서는 상품을 다시 세는 검품 작업을 생략할 수 있다. 이러한 입소문이 업계에 바람처럼 퍼져 신규 고객이 꾸준히 늘었으며, 기존 고객과의 거래량도 많게는 20~30% 증가했다.

PALTAC의 물류 효율화에는 그들이 독자 개발한 SPIEC라는 상품 피킹 무선카트가 핵심적인 역할을 하고 있다. 카트에 물건을 싣고 옮기면 무선랜을 통해 카트에 내장된 태그에 작업이 기록되기 때문에 담당자별로 작업 효율을 알 수 있다. 예를 들어 제품 2개를 피킹하는 경우 무선카트의 화면에 제품의 선반 번호와 수량이 표시된다. 직원은 카트를 눌러 지시받은 제품을 진열대로 가지고 가고, 제품 JAN 코드를 바코드 스캐너로 읽는다. 상품이 맞으면 수량 표시가 사라진다. 이어 그 상품을 오리콘이라는 상자에 넣을 때는 카트가 무게를 자동 계측한다. 카트에 전자저울이 탑재되어 있어서 250그램의 제품이 2개 주문되었다면 총 500그램인지를 판단하는 방식이다. 주문된 무게와 일치하면 수량 표시가 녹색으로 바뀌어 다음 제품의 무게를 측정한다. 만약 무게가 일치하지 않으면 잘못된 수량이라는 빨간색 표시의 알람이 켜진다. 이 무게 검품 시스템은 1그램에서 30킬로그램까지 정확하게 측정하기 때문에 주문량 부족이나 초과가 발생하지 않는다.

PALTAC은 소매업체에 납품할 때 출하 빈도나 업체별 납품이 아니라, 카테고리에 따라, 즉 메이크업, 애완동물, 헤어 케어, 위장

약, 감기약, 건강식품 등의 분류에 따라 납품하는 방식을 취하고 있다. 이런 카테고리 납품 방식을 따르면 소매업체 직원이 상품이 진열된 선반을 찾아 이동하는 시간을 대폭 단축시킬 수 있어 제품 보충이나 진열 작업 시간이 감소된다. 재고 관리 역시 카테고리별로 정리하여 재고량을 파악할 때 생기는 번거로움이 줄어든다. 이러한 효율성으로 소매업체 직원들은 업무량이 줄어들어 고객 서비스에 전념할 수 있다.

소매업

업무용 슈퍼마켓

주식회사 고베붓산

제조업이 운영하는 프랜차이즈본부

가맹점에 구입금액의 1%만을 로열티로 받는 착한 프랜차이즈본부가 있다. 이 기업은 1985년 창립했는데, 2001년 유가증권보고서 공개 이후 최근(2016년 10월)까지 줄곧 매출액이 성장한 프라이드를 가지고 있다. 2000년 3월부터 제조 · 판매 일체형에 도전해 현재 업무용 슈퍼마켓 업계에서 약 70%의 시장점유율을 가진 고베붓산의 이야기다. 일반인에게는 '교무슈퍼'로 더 잘 알려진 일본 최대 제조 · 판매 일체형 기업인데, 한국의 식자재 마트와 유사한 점포라고 보면 된다.

고베붓산은 공급체인이 탁월하다는 평가를 받고 있는데, 이들 공급체인이 차별화된 상품을 낮은 원가로 제공한다. 고베붓산은 300개가 넘는 해외 자사 공장 및 협력 공장을 가지고 있는 제조 기업이다. 차별화된 독자 상품의 개발 및 제조에서부터 자사 무역, 국내 물류, 심지어 판매 운영까지 모든 업무를 담당하고 있다. 점포는 고베붓산이 프랜차이즈본부로서 캐시 앤 캐리cash & carry(현금판매)형 편의점화를 콘셉트로 하고 있다. 그렇다 보니 무명 브랜드도 많지만, 캔커피 하나에 20엔도 하지 않는 초저가를 강력한 무기로 고객을 유혹하고 있다.

이 기업의 성공신화는 뭐니 뭐니 해도 제조업체가 프랜차이즈 본부를 운영한다는 점에서 시작된다. 생산자 입장에서 판매에 대한 정보를 실시간으로 통합하고 분석함으로써, 공급체인에서 발생할 수 있는 리스크를 상당히 줄일 수 있기 때문이다. 인건비가 일본의 10분의 1 이하인 국가에서 상품을 제조했다고 하더라도 때에 따라서는 일본으로 수입했을 때 저렴하지 않을 수도 있다. 그 이유는 무역이 리스크가 비교적 크며 예상하기 힘든 일이기 때문이다. 우선, 영업에 많은 시간과 비용이 든다. 계약을 따내더라도 상품 판매가 좋지 않을 수도 있고, 작은 오해나 실수로 상품 판매를 중단하는 사태가 발생하기도 한다. 게다가 생산에서 납품까지 걸리는 시간이 몇 주일 이상인 무역 상품의 경우에는 판매 및 기회손실 같은 엄청난 리스크를 수반하게 된다. 하지만 고베붓산처럼 제조업체가 프랜차이즈본부를 맡으면, 점포의 정확한 정보를 해외 공장에 실시간으로 보낼 수 있다. 그러면 해외 공장에서는 판매 상황을 철저히 파악하여 유연하게 대처할 수 있다.

프랜차이즈본부는 어떤 제품을 판매할 것인가에 대해 결정권을 갖는다. 그러므로 굳이 소매업과의 거래에서 중요한 영업도 이 시스템에서는 필요가 없다. 또한 저위험, 낮은 원가 공급체인 덕분에 본부 입장에서는 보다 낮은 이익을 남기고 상품을 판매할 수 있다. 그만큼 가맹주가 이익을 발생시킬 기회의 문이 활짝 열리는 것이다.

그들의 독특한 기법은 일본 최초로 구입금액의 1%라는 가장 낮은 가맹점 로열티 비용을 받는 '착한 기업'이라는 꼬리표를 달아주었다. 2000년 오픈 이래 교무슈퍼는 현재 총 747개 점포(2016년 10월)까지 확대됐다. 당시 실적을 2016년 결산과 비교하면 교무슈퍼 사업은 7,216%라는 기록적인 성장을 보였다. 한편, 2016년 3월에는 해외 점포 1호점을 싱가포르에 오픈하고, 미국에서도 교무슈퍼의 상품 판매를 개시했다. 그들의 폭발적인 성장이 글로벌 시장에서도 통할 지 많은 기대가 된다.

소매업

드럭스토어

주식회사 마쓰모토키요시홀딩스

건강과 미용을 위한 전문가들의 실험실

세계적인 브랜드 컨설팅회사인 인터브랜드재팬Interbrand Japan이 2016년 3월 일본 국내 브랜드 가치 평가Japan's Best Domestic Brands 2016 순위를 발표했는데, 드럭스토어업계에서 최초로 마쓰모토키요시가 34위에 이름을 올렸다. 이처럼 부동의 업계 1위가 될 수 있었던 전략은 무엇일까? 마쓰모토키요시는 드럭스토어로서 창업 80년을 넘겼는데 여전히 건강 · 미용에 올인하고 있으며, 이 부문이 전체 매출액의 70%를 차지한다. 이 수치는 업계에서도 압도적으로 1위다.

최근에는 자신만의 제품을 만들어내며 전문성을 강화하고 있다. 바로 마쓰모토키요시의 PB 상품인 'MK CustomerMKC'다. 예를 들어 글루코사민, 농축우황 등 마쓰모토키요시의 PB 제품을 구입하고 싶다면 마쓰모토키요시 매장을 통해서만 구매할 수 있다. 이 전략을 통해 고객 이탈을 방지하고, 상품 차별화를 통해 충성고객을 늘리겠다는 의도가 숨어 있다. 현재 마쓰모토키요시가 보유한 PB 제품은

2,000품목이 넘는다. 그러자 이온, 야마나카 등 다양한 유통업체도 PB 제품을 발매했다. 그래서 마쓰모토는 곧바로 고부가가치 PB 제품을 라인업했다. PB 화장품에서 성공한 뒤 화장품과 건강식품뿐만 아니라 의약품 PB도 만들기 시작했다. 2015년 9월에는 전문가가 추천하는 미용과 건강을 도와주는 상품이라는 이미지로 '마쓰키요라보mastukiyo LAB'를, 12월에는 MKC보다 더 나은 품질과 통일감을 살리면서 자사의 이름을 연상케 하는 '마쓰키요matsukiyo'를 출시하며 다양한 라이프스타일을 가진 고객의 니즈에 한 걸음 더 다가가고 있다.

마쓰모토키요시는 건강·미용 관련 분야에서 최고의 전문가가 되기 위해 점포에서도 많은 실험을 해왔다. 그리고 마침내 2015년 9월, '마쓰키요라보' 차세대형 점포를 선보였다. 치바 현의 신마쓰도에키점에 가보면, 기존의 점포 스타일에 건강과 미용 관련 서비스 기능을 충실히 갖춘 마쓰모토라보를 병설해놓은 걸 볼 수 있다. 건강과 미용에 관심 있는 사람들이 즐기는 실험실 같은 분위기다. 점포 내의 헬스케어 라운지에는 조제약국 외에 고객들이 자유롭게 뼈의 건강도나 혈압, 체중을 무료로 측정할 수 있는 공간이 마련돼 있다. 또 다른 곳에는 혈액검사 및 구강체크 등의 유료 메뉴도 준비돼 있다. 조제약국의 대기실도 환자가 스트레스를 느끼지 않도록 편안함을 연출한 공간 디자인을 강조했다. 상주하는 영양관리사가 서플리멘트(건강보조식품)뿐만 아니라 식생활 및 생활습관에 대해 카운셀링까지 해준다.

2015년 10월에는 타이에 해외 1호점을 오픈했다. 앞으로 이 기업의 글로벌 성장 전략이 어떤 방향으로 펼쳐질지 귀추가 주목된다.

소매업

온라인쇼핑몰

事業者向けサイト
現場を支えるネットストア
モノタロウ

주식회사 모노타로

공구업계의 아마존

미국 최대 규모의 쇼핑몰인 아마존과 같이 큰 규모를 자랑하는 모노타로MonotaRo는 제조업계에서 '공구업계의 아마존'으로 불린다. 자재 조달 네트워크를 개혁하며 다양한 현장에서 납기, 가격, 편리성에 만족할 수 있는 서비스를 제공한다는 점이 강점이다. 제조업(42%), 건설업 · 공사업(18%), 자동차 관련업(13%) 등의 중소기업을 타깃으로 하고 있다. 종업원 30명 이하의 중소기업 고객이 전체의 60%를 차지한다. 2016년 12월 기준 MRO(각종 유지 · 보수에 쓰이는 자재 상품) 관련 18개 장르에서 100개 카테고리가 넘는 폭넓은 상품라인을 가지고 있는데, 취급 상품이 무려 1,000만 종이 넘는다. 재고품목 수는 29.8만여 종에 달하며, 직접배송 상품을 포함하면 당일 출하 상품 수가 약 45만 개나 된다. 취급 상품들이 엄청나다 보니 모노타로가 독자 개발한 구매관리 솔루션은 타사의 부러움을 받을 정도로 차별화돼 있다. 구매율이 높은 상품은 상시 구비해놓지만 구매 빈도가 낮은 상품은 주문을 받아서 대응하는데, 이는 토요타의 JIT just in time(적기공급생산) 시스템을 떠올리게 한다.

공구업계의 아마존으로 자임하는 데에는 독자적인 클라우드 구매관리 서비스가 한몫했다. 이 서비스는 지금까지 중소기업을 상대로 거래해온 노하우를 바탕으로, 대기업과의 거래를 늘리기 위해 개발됐다. 모노타로가 구매 솔루션을 제공한 대기업이 2016년 6월까지 누적 244개 사에 달한다. 기업이 하나의 상품을 완성품으로 내놓기까지 필요한 간접자재를 손쉽게 비교 · 구매할 수 있으며, 타 업계의 상품이라 할지라도 한곳에서 간편하게 파악할 수 있도록 했다. 대기업과 같이 많은 공장을 보유하고 있는 기업에는 특히 많은 소모품이 필요하며, 각각의 공장별로 거래하는 공구업체 관리에서 자재조달까지 과정도 길고 인건비가 크다. 이러한 단점을 클라우드 구매관리 서비스를 통해 간단하게 해결할 수 있다. 많은 공장의 거래처를 한눈에 파악할 수 있으며, 여러 업체의 상품 가격을 비교할 수 있으므로 예산을 측정하는 데에도 많은 도움이 된다. 클라우드 구매관리 서비스는 한 달 5만 엔의 이용료가 필요하다. 통상의 인터넷 이용료에 비해 높은 가격일지는 모르나, 대기업의 간접자재 조달에서 발생하는 전체적인 비용을 생각한다면 결코 큰 금액이 아니다.

이러한 클라우드 구매관리 서비스는 시스템만으로 해결되는 것은 아니다. 구입 프로세스에서는 상품의 직접수입을 강화하는 등 구입 루트의 최적화를 꾀하고 있으며, 최근에는 가격 소구형 PB 상품의 개발에도 적극적이다. 고객의 주문에도 대응한다. 200만이 넘는 고객의 반복구매율을 높이기 위해 그들의 구매 데이터를 끊임없이 분석하고 적용한다. 또한 쉽고 간편한 고도의 검색 웹사이트 이외에 각 고객의 니즈에 맞춘 카탈로그를 제공하는 등 다양한 판매수단을 활용한다. 마지막으로, 낮은 원가 운영의 결정체라고 할 수 있는 물류 시스템의 효율은 두말하면 잔소리다. 현재까지는 일본 서쪽 지역 효고 현에 있는 오자키유통센터에서 약 650명의 작업 직원들이 교대로 근무하며 전국의 배송을 담당해왔다. 하지만 보다 효율적인 배송 시스템을 구축하여 저가격을 실현하기 위해 물류 시스템에 과감한 투자를 했다. 2017년 4월에는 동쪽 지역에 있는 이바라키 현에 카사마시유통센터를 가동할 계획이다. 카사마시유통센터는 디지털피킹시스템과 무인운송시스템이 특징이다. 두 유통센터를 합치면 최대 약 50만 개의 재고를 상시 보유할 수 있다고 한다.

그러다 보니 등록 사용자 수가 꾸준히 증가하고 있으며, 현재 200만 명이 넘는 등록 고객 수를 자랑하고 있다. 2016년 한 해에만 40만 명에 가까운 고객이 신규 등록했는데, 이들 중 90% 이상이 인터넷을 통해 구매한다. 구입 루트의 혁신, 인터넷을 통한 구매 시스템, 물류 효율화 등을 통한 신규 고객의 증가는 기업의 수익성 향상에도 엄청나게 공헌하고 있다. 2001년 첫 결산에서 28백만 엔에 그쳤던 매출액은 2016년 67,105백만 엔까지 껑충 뛰어올랐다. 또한 2016년도 한 해의 매출액총이익률은 31.9%로 지속적인 상승을 보이고 있는데, 12년 전인 2004년 19.9%에 비해 약 60%나 향상됐다. 반대로 2016년 판매관리비는 17.3%로 지속적인 감소를 보이고 있으며, 2004년 26.9%와 비교하면 약 36%나 줄어든 수치다.

소매업

의료경영컨설팅 · 조제약국

綜合メディカル株式会社

소고메디카루 주식회사
의료경영 토털 서포터

소고메디카루는 조제약국 538개 점포(2016년 3월)를 운영한다. 한마디로 컨설팅을 기본으로 한 의료경영 토털 서포터라 할 수 있다. 특히 2001년 10월에 개시한 'DtoD[Doctor to Doctor] 시스템'은 15년 동안 꾸준한 지지를 받으며 현재 6만 5,000명의 의사가 등록하고 있다.

DtoD는 전직 · 개업을 지원하고, 병원이 껴안고 있는 과제를 종합적으로 지원해주는 의사를 위한 시스템이다. 예를 들어 병원에 근무하는 의사의 전직 및 독립을 지원하고, 계승자가 없는 개업의에게는 계승자를 소개해주며, 병원 및 보건소에는 우수한 의사를 소개하거나 개업의와 의료 연계를 주선하는 등 다양한 서비스가 있다. 이들의 토털 서포터 컨설팅은 다른 컨설팅회사가 좀체 모방할 수 없을 정도로 특화돼 있고 전문적이다. 의료 분야의 현장 경험이나 오랜 병원 운영 경험이 있는 사람들의 현장 노하우를 바탕으로 한 컨설팅이기 때문에 일반 마케팅 전문가와는 차별화된 것이다.

더욱이 2011년에는 마이크로소프트 다이내믹 CRM[Microsoft Dynamics CRM]을 통해 고객정보관리 시스템을 도입함으로써 의료기관의 다양한 요구에 대응하는 동시에 사용성이 뛰어난 정보 활용 기반을 제공하고 있다. 소고메디카루 사업의 기본은 고객인 의료기관의 요구를 데이터베이스화하여 자사의 서비스와 매칭하는 것이다. 그러한 요구들을 정확하게 파악하고 신속하게 대응할 수 있도록 CRM 솔루션을 도입했다. CRM 솔루션을 통해 소고메디카루는 세분화된 타깃팅과 특화된 시장에서의 포지셔닝을 할 수 있었다.

또한 소고메디카루의 의료경영 컨설팅 사업은 일본의 사회적 특성, 즉 고령화 · 저출산의 문제와도 어우러져 더욱 시너지 효과를 내고 있다. 초고령화 사회로 진출하고 있는 일본은 의료 서비스의 효율화와 의료비용 감소를 위하여 '병원 완결형' 진료에서 '지역 완결형' 진료로의 전환이 요구되고 있다. 이런 환경에서 소고 메디카루는 환자가 효율적으로 질 높은 의료 서비스를 받을 수 있는 시스템을 구축하기 위해 환자 · 의료기관 · 지역사회를 연결하는 지역 의료 네트워크를 구축하는 데 성공했다. 예를 들어 산부인과의 경우에는 저출산으로 인한 병원 유지 문제가 발생하며, 고령화에 따라 요양병원이나 종합병원이 확산되면서 인재채용 등의 문제도 발생한다. 이러한 문제에 대해 소고메디카루는 의료경영 컨설팅부터 인재파견까지 폭넓은 서비스를 제공함으로써 넓은 의료 분야 고객층을 확보하고 있다.

주식회사 후지코포레이션

자동차용품의 카테고리 킬러

일본 교외를 자동차로 다니다 보면 도로변에 가지각색의 자동차 타이어 수백 개를 진열해놓고 손님을 맞이하는 가게들을 종종 볼 수 있다. 어느 한 계열의 품목군을 선택해 타 업체와 비교할 수 없을 정도의 다양한 상품구색을 갖추고 합리적인 가격에 판매하는 전문 업체, 이른바 '카테고리 킬러'들이다. 후지코포레이션은 자동차 타이어와 휠 상품 카테고리 킬러로, 20년 이상 지속적인 성장을 거듭해오고 있다.

최근 소비자의 니즈는 완성품을 위한 부품의 선택에까지 자기만의 개성을 추구하며 세분되고 있다. 이러한 상황에서 후지코포레이션의 성장 비결은 상품에 대한 전문성에 있다. 엔도 사장은 "특정 브랜드밖에 취급하지 않는 타이어 제조업체 계열의 판매점과 다르게 유럽과 미국, 일본의 대부분 제조업체 상품을 취급하는 것이 포인트"라고 말한다. 중소 제조업체가 생산하는 마니아용 휠도 충실하게 구비하고 있으며, 종류도 1,500가지 이상이다. 타이어와 휠은 디자인

이 같아도 장착될 차량이나 사이즈가 다르면 다른 상품이 되므로, 상품 코드 수가 3만 점에 달하는 상품을 상시 재고로 가지고 있다. 자동차 타이어와 휠에 관해서는 후지코포레이션 점포에 없으면 일본 내에 없다고 보면 된다. 이 점이 바로 자동차 마니아부터 일반 고객까지 반복해서 방문하는 이유다. 또한 개별 고객의 니즈에 대응하고 노출 빈도를 높이기 위해 자사 점포뿐만 아니라 인터넷 판매 및 주유소 등 잠재적 경쟁 업자에게도 판매하고 있다.

재고 데이터는 매장용과 통신판매용으로 LAN(구내 정보 통신망)을 통해 일괄 관리한다. 고객이 희망하는 상품이 매장에서 품절일 때도 즉시 재고를 확인해 상품을 들여올 수 있다. 충실한 구색과 원하는 상품을 금방 손에 넣을 수 있는 편리성이 고객을 끌어들여, 먼 곳에서도 손님이 찾아와 준다. 따라서 상권을 넓게 설정하고, 출점은 한 현에 한 곳을 기본으로 하고 있다.

후지코포레이션 한 매장당 연간 매출은 6억 7,000만 엔 정도다. 일반적인 타이어 제조업체 계열 판매점의 평균이 1억 7,000만 엔인 것에 비하면 3배를 훌쩍 넘는다. 또한 왁스에서부터 카오디오까지 폭넓은 상품을 취급하는 자동차용품 소매체인의 평균 4억 8,000만 엔도 가볍게 능가한다.

서비스업

노인 대상 토털 서비스

메디카루케아사비스 주식회사

고령자에 특화한 맞춤식 토털 서비스

2016년 5월, 한국에서도 매스컴을 많이 탔던 노인 백화점 다이신백화점이 폐점하며 역사 속으로 사라졌다. 초고령화 시장에 대한 기업의 관심은 폭발하고 있지만, 고령자 고객에 대한 인식의 부족 등으로 지속적인 성장을 달성하는 기업은 좀체 찾아볼 수가 없다. 일본 통계청 자료(2016년 10월)를 보면, 65세 이상 인구가 27.3%다. 100명 중 27.3명이 65세 이상 고령자라는 얘기다. 더욱 놀라운 것은 27.3명 중 13.3명이 75세 이상 노인이라는 점이다. 이런 추세에 따라 2025년 실버 시장은 101.3조 엔 규모까지 성장할 것으로 예측된다.

'아이노 이에(사랑의 집)'로 유명한 메디카루케아사비스는 이러한 초고령화 사회에 특화된 맞춤식 토털 서비스를 제공한다. 주요 사업 영역인 노인의 주거생활 서비스는 크게 세 가지로 나누고 있다. 첫 번째는 치매를 앓고 있는 노인을 대상으로 하는 그룹 단위 주거시설이고, 두 번째는 고령 노인의 주거를 제공하는 실버타운형 주거시설이다. 마지막으로, 따로 주거시설은 필요 없지만 정기적으로 도움이 필요한 노인들을 대상으로 한 재택 의료 서비스와 일일 서비스를 제공하고 있다. 현재는 중국, 싱가포르, 필리핀으로까지 사업 시장을 확대하고 있다.

메디카루케아사비스는 이러한 주거생활 서비스와 관련된 영역으로 사업을 다각화하여 고령자 토털 서비스를 구축하는 데에도 열정적이다. 먼저, 치매 관련 사이트를 통해 그들만의 커뮤니티를 구축하고 있다. 이 사이트에서는 치매 관련 정보뿐 아니라 의료와 생활에 꼭 필요한 서비스를 안내하므로 치매를 앓고 있는 노인들과 치매 환자 보호자에게는 매우 유용하다. 메디카루케아사비스는 자회사 그린푸드Green Food를 설립해 요양원에 식사 서비스를 제공하고 있다. 또 케어스타Carestar는 복지용품 공급업체로서 치료나 케어가 필요한 고령자들의 주거시설에 필요한 복지용품을 선정하는 한편 인터넷쇼핑몰을 운영해 고객들이 복지용품을 편리하게 구매하도록 도와준다. 최근에는 기저귀 등의 소모품, 파자마나 속옷 등의 일용품, 휠체어, 간병 침대 등 210여 가지의 간병용품을 인터넷에서 판매하고 있다.

주식회사 도토루코히

자사 일관체제로 최상의 커피 맛을 고집

최근 일본의 카페 시장은 제3차 전쟁이라고 불릴 정도로 어려운 상황에 빠져 있다. 제1차는 1980년대 후반 해외의 대기업 카페가 일본에 진출했을 때, 제2차는 1990년대 후반 스타벅스 커피 등 시애틀발 카페가 진출했을 때를 말한다. 최근에는 맥도날드 등의 패스트푸드나 편의점 등의 이종 업종과 경쟁하고 있다. 이 중에서도 편의점의 원코인(100엔) 커피는 엄청난 폭발력으로 커피전문점을 위협하고 있다. 2014년 한 해 동안 편의점 상위 5개 사의 커피 판매가 총 13억 잔에 달했다. 5개 사 중 세븐일레븐은 2013년 세븐 카페를 시작한 후 2016년 2월까지 약 20억 잔을 팔았다. 2015년 한 해에만 약 8.5억 잔의 판매를 기록했다. 판매 수량만으로도 미루어 짐작할 수 있듯이, 편의점의 커피 시장 진출은 커피 제조업체뿐만 아니라 커피 전문점까지 일본 커피 시장의 판도를 한꺼번에 바꾸어놓았다.

이처럼 치열한 경쟁의 와중에 세계에서 가장 맛있는 커피를 만들기 위해 오늘도 열정을 쏟아붓는 사람이 있다. 바로, 80세를 눈앞에 둔 도토루코히 토리바 명예회장이다. 그는 "최고로 맛있는 것은 모두가 이구동성으로 맛있다고 느낀다. 그러므로 '각자의 취향'이라고 말하는 것은 단순히 타협의 산물에 지나지 않는다"라는 지론을 가지고 있다. 이를 실천하기 위해 도토루코히는 커피 생두 구매부터 가공까지 직영으로 일괄 관리하는 전략을 고수한다. 지정구매, 프리믹스pre-mix, 직화 로스팅이라는 세 가지 방법을 통해 세계 최고의 커피 맛을 만들기 위해서다.

먼저 도토루코히는 세계 2대 프리미엄 커피 재배지인 하와이 코나 지역에 있는 직영농장을 비롯해 브라질, 에티오피아, 케냐 등 세계 20개국에서 최상급 커피 생두를 수입하고 있다. 수입 원두는 생산지역 지정, 농지 지정, 맛 지정 등의 엄격한 기준을 통과한 것만 사용한다.

그다음, 도토루코히는 로스팅 전에 원료를 섞는 까다로운 프리믹스 블렌딩 방식을 고집한다. 프리믹스 방식은 로스팅 이후 원두를 섞는 애프터믹스after-mix 방식의 블렌딩에 비해서 까다롭기 때문에 노하우가 필요하다. 하지만 각각의 원두가 갖는 특징을 살리고 더욱 조화로운 맛과 향을 살릴 수 있다는 장점이 있다.

마지막으로, 도토루코히는 자체 직화 로스팅 방식으로 깊고 풍부한 맛을 제공한다. 좋은 커피를 만들기 위해서는 생두를 원두로 만드는 로스팅 과정을 거쳐야 하는데 여기서 맛과 풍미의 차이가 생긴다고 한다. 열을 가해 커피콩을 볶는 로스팅 과정에서 가해지는 열의 온도와 압력, 그리고 얼마나 고르게 열을 가해줬는가에 따라 향의 깊이가 달라진다. 도토루코히는 불에 직접 볶는 직화식 로스팅을 고집한다. 1980년 운영 당시부터 뜨거운 공기를 이용해 원두를 가공하는 열풍식 로스팅 대신 소규모 공방工房에서 주로 이뤄졌던 직화식 로스팅을 채택해왔다. 이를 위해 전용 기계도 독자적으로 개발했다. 창립 50년이 지나도 흔들리지 않는 그들만의 장인정신이 깃든 고집스러운 커피를 만들어내기 위해서다.

도토루코히는 1980년 4월 도쿄 하라주쿠에 1호점을 낸 이후 일본 커피문화를 바꿔온 주역 가운데 하나다. 2017년 1월 기준 총 매장 수는 1,351개(해외 7점 포함), 직영점 수는 338개(해외 4점 포함)에 달한다. 주력 업태인 도토루코히 외에 이탈리안 엑스프레소를 중심으로 한 '에쿠세류시오루 카페Exceisior Café'가 있다. 모회사인 도토루·니치레즈홀딩스의 2015 회계연도(2015년 3월~2016년 2월) 매출은 약 1,248억 엔, 영업이익은 약 95억 엔, 당기이익은 55억 엔이었다. 2007년엔 일본 최대 외식체인인 니혼레스토랑시스테무주식회사와 합병해 커피뿐만 아니라 외식업 전반을 아우르는 외식 대기업으로 거듭났다.

제 3 장

높은 수준의 직원 결속력

ヤオコー MARKETPLACE

주식회사 야오코

파트너십을 통한 이익 창출

'154, 13,274, 10,354, 28'에 숨겨진 비밀은 무엇일까? 이 숫자들은 각각 슈퍼마켓을 운영하는 야오코(2017년 3월)의 점포 수, 전체 종업원 수, 파트 및 아르바이트 종업원 수, 매출액과 영업이익이 동시에 성장한 연수를 말한다. 야오코 직원은 78%가 비정규직인데, 최근 일본 슈퍼마켓의 평균을 약 8%나 웃돈다. 파트 및 아르바이트 종업원 수는 하루 8시간으로 환산하기에 실제로는 78%보다 더 많다.

야오코의 종업원과의 파트너십을 이해하기 위해서는 일본 파트 · 아르바이트 업계의 실정을 이해해야 한다. 일본에서는 학업이나 육아, 체력 등의 이유로 하루에 3~4시간 정도 편한 시간에 일할 수 있는 직종을 찾는 학생, 주부, 노인 등이 의외로 많다. 그중에는 오히려 정규직을 피하는 사람들도 있다. 일본의 정규직은 3~4년에 한 번씩 업무를 바꾸는 경우가 많고, 타 지역으로 전근을 가야 하는 경우도 있기 때문이다. 그래서 가족이 있음에도 자녀의 학업 문제 등으로 가장 혼자 떠나 기러기아빠로 살아가는 1인 가구가 많다. 이런 문제를 해결하기 위해서 최근에는 전 지역을 근무지로 상정하는 통상의 정사원보다 월급 등은 적지만 타 지역으로 전근을 명령받지 않는 '지역 한정 사원 제도'도 생겼다.

일반적으로 파트 및 아르바이트 직원은 정규직에 비해 기업에 대한 충성도, 책임감, 자주성, 동기부여 등이 낮다고 말한다. 그럼 야오코는 비정규직의 비율이 그렇게 높은데도 어떻게 28년 연속으로 매출과 이익이 동시에 성장했을까? '인건비를 최소화하기 위해 종업원을 쥐어짜는 악덕 기업은 아닐까?'라고 의구심을 품는 사람도 있을지 모른다. 실은 전혀 그렇지 않다. 오히려 그 반대다. 야오코의 카와노 사장은 "우리 회사 마진(매출총이익률)의 약 0.3%는 시간제 종업원들의 움직임으로 창출해내는 것입니다"라고 잡지 인터뷰를 통해 말한 적이 있다. 야오코는 시간제 종업원에게도 결산 상여금을 지급하는, 좀처럼 볼 수 없는 기업이다. 구체적으로 말하면, 매출액경상이익이 4%를 넘을 경우 그 일정 금액을 시간제 종업원에게 상여금으로 지불한다. 주식을 가지고 있지 않은 주주에 대한 파격적이고 극진한 대우다.

또한 시간제 종업원들이 눈에 보이지 않는 이익을 창출하기 위해 노력한 데 대한 대우로서 야오코 사내에서는 이들에 대한 존경의 의미를 담아 '파트너 씨(함께 일하는 동료)'라고 부른다. 하루에 불과 몇 시간 일하고 언제 그만둘지 모르는 사원들과의 끈끈한 파트너십을 중요시하는 셈인데, 야오코의 극진한 종업원 사랑은 파트너들이 즐겁고 자주적으로 일할 수 있는 환경을 만들어준다. 파트사원으로 매장의 쿠킹 서포트 코너를 담당했던 사이토 할머니는 이렇게 말한다.

"전에 일했던 슈퍼는 그저 주어진 지시에만 묵묵하게 기계처럼 따르면 됐다. 하지만 여기는 내가 고안하고 만들고 싶은 메뉴를 제안하면 오히려 기뻐하면서 그 일에 몰두하도록 재량권을 준다. 때로 실패하기도 했지만 고객의 반응이 대단한 메뉴도 많았다. 한마디로 일할 맛이 나고, 그만큼 보람이 있다."

자유롭게 자기 일을 즐기며 일에 몰두하는 직원일수록 생산성이 높아진다는 것은 굳이 연구자료를 통해서가 아니더라도 누구나 알 수 있지 않을까.

소매업

슈퍼마켓

주식회사 하로데이

일본에서 제일 일하기 좋은 회사가 되자

카치 사장은 한때 회사가 적자로 어려운 상황에 처했을 때, 많은 직원이 다른 회사로 넘어가는 경험을 했다. 그 억울한 경험을 다시는 하지 않도록 '일본에서 제일 일하기 좋은 회사가 되자'라고 굳게 다짐했다고 한다. 그 후, 종업원을 '파트너'라고 부르며 그들의 즐거움과 자주성을 키우는 것을 회사의 경영이념으로 삼았다. 일본에서 점포시찰이 가장 많은 하로데이의 비법 중 하나가 카치 사장의 종업원 사랑이었던 것이다.

1995년경 카치 사장은 매장에서 들려온 직원들의 웃음소리를 지금도 인상 깊게 기억한다. 누군가에게 선물받은 큐피트 인형을 들고 직원들이 사진을 찍거나 웃으면서 즐거워하는 것을 보았다. 그 즉시 카치 사장은 장난감을 사서 각 부서와 매장을 꾸미기 시작했다. 단적인 사례지만, 고객이 즐겁기 위해서는 일하는 사람이 즐거워야 한다는 사실을 깨달은 것이다.

지금도 그는 본사에서 조례가 끝나면 주로 각 매장을 둘러보는 게 사장으로서의 가장 중요한 업무라고 생각한다. 매장을 돌면서 비정규직 직원들을 칭찬하고 격려하고 즐겁게 해주며, 매장과 관련된 그들의 의견에 귀를 기울이면서 일과를 마친다. 매장 연출은 현장에서 직접 일하고 느낀 직원들이 적극적으로 참여하게 하거나 그들의 의견을 유도한다. 업무에는 진열뿐만 아니라 상품 매입이나 매출 예측 데이터의 분석과 같은 경영자 감각으로 할 수 있는 일도 많기에 '무슨 일을 하고 싶다'라고 희망하면 업무와 권한을 최대한 이양하는 사례도 있다.

하로데이는 상사가 꾸짖는 것이 아니라 칭찬을 늘려 종업원에게 감동을 선사하고자 노력한다. 즐거움이 종업원들의 동기부여에 큰 역할을 하기 때문이다. 하로데이는 "고객이 즐거워지기 위해서는 일하는 사람이 즐거워야 한다"라는 단순한 진리가 통하는 기업이다.

물류업

육상운송

주식회사 하마쿄우렉쿠스

일일 반장 제도

독자 중에는 학교에 다니면서 반장을 한 번쯤 해본 사람이 있으리라고 본다. 하마쿄우렉쿠스는 사내에 일일 반장 제도를 도입하여 그 덕을 톡톡히 보고 있다. 이 기업은 1971년 트럭 18대와 종업원 25명으로 창업했는데, 1990년 이후 3PL 기업으로 급성장하면서 현재 중국 상하이 및 홍콩 그리고 방글라데시에까지 물류거점을 확보한 명실상부한 물류 기업 중 하나가 됐다.

일일 반장 제도는 정규직뿐 아니라 시간제 사원을 포함한 직원이 하루씩 돌아가며 부서의 반장이 돼 하루 작업 전망 등에 책임을 지는 제도다. 물류라는 일은 팀플레이가 중요한데, 일일 반장을 하면 누구 할 것 없이 책임감을 가지고 일에 임하게 된다. 그리고 부서 전체가 협력해 생산성을 높이고자 지혜를 짜내게 된다. 반장은 작업의 진행 방법이나 팀원의 능력을 잘 이해해야 하며, 화물의 양과 당일 작업자의 처리 능력을 보면서 작업 종료 시각을 예측해야 한다. 그리고 이 제도는 시간제 사원도 돌아가며 해내기 때문에 부서에 배치된 지 1개월 정도 지나 부서 일을 익히면 바로 반장을 맡게 된다. 회사 관계자의 말을 빌리면, "반장을 교대로 맡음으로써 사원이나 시간제 사원 모두 물류센터 내의 여러 업무를 구체적으로 이해하게 된다. 모두가 자신에게 반장 당번이 돌아올 것을 생각해 늘 협력적인 자세를 보이며, 나아가 지혜를 발휘하게 되고 현장 커뮤니케이션도 원활해진다"라고 한다.

바로, 사원들 간의 자발적인 커뮤니케이션과 협력을 배양하는 것이 일일 반장 제도의 목적이다. 조직의 성과 향상을 위한 조직설계 및 전략, 종업원 행동, 조직문화 등을 연구하는 조직론의 조사 결과를 보면 쉽게 이해가 간다. 부문 내외 종업원들의 커뮤니케이션은 업무에 관한 정보 교환을 수반한다. 이는 업무의 불확실성을 줄일 뿐만 아니라 업무 당사자의 혁신 지향도 강화한다. 더 나아가서는 그들의 자발적인 협력과 부문 간 통합을 끌어낸다. 그리고 이와 같은 일련의 활동이 기업 성과를 효과적으로 향상시킨다.

하지만 이러한 일일 반장 제도가 현장에 무리를 줘서는 안 된다. 그래서 일일 반장 제도를 회사 전체에 깊이 침투시키기 위해 매월 연구회를 열어 회장이 사원 한 명 한 명의 이야기를 듣고, 현장이 안고 있는 문제를 파악해 해결 방법을 조언하는 자리도 마련하고 있다. 하마쿄우렉쿠스는 "사람의 노력이 이익을 만든다"라는 오스카 회장의 전원 참가 경영의 본질을 실천하고 있다.

소매업

의류

UNITED ARROWS

주식회사 유나이텟도아로즈

전 종업원의 정규직화

2007년 8월 유나이텟도아로즈(신사 · 숙녀복 전문 의류점)는 전 종업원의 정규직화 제도를 선언하며, 업계에 커다란 파문을 일으켰다. 당시 1,200명이나 되는 아르바이트 사원을 모두 정사원으로 채용했다. 이 조치는 창업 이래 줄곧 강조해온 '판매원의 사회적 지위 향상'에 기반을 두고 있다. 즉, 모든 판매사원이 정사원이 되면 그들의 사회적 지위가 향상되고, 이를 통해 종업원 만족도를 높여 결과적으로 고객 만족 향상이라는 순환 효과를 만든다는 생각이 있었다.

당시 인사부 인재개발과 나가시마 씨는 이렇게 말했다. "아르바이트 사원은 실제 점포에서 일한 경험으로 회사에 대한 예비지식을 가지고 있어 현장에 바로 투입돼도 활약할 수 있다. 사원화 제도 도입 이전에는 아르바이트로 3~4년 일한 뒤에야 사원이 될 수 있는 기회가 있는 상황이어서 기껏 익힌 기술과 경험을 가지고 경쟁사에 가버리는 경우도 많았다. 바로 이러한 문제 때문에 퇴직을 결단하는 인재들의 유출을 막고 그들의 만족을 높이기 위해 정규직 제도를 과감하게 단행했다."

물론 인건비의 증가는 사내에서도 큰 걱정거리였다. 하지만 유나이텟도아로즈는 비용 측면만을 생각한 것이 아니라 선행투자라는 의식이 강했다고 한다. 미래를 위한 젊고 유능한 인재의 육성이야말로 앞으로 기업 성장의 원동력이라는 의식이다.

아르바이트에서 사원이 된 직원 중에는 사원의 역할이 이렇게 어려울 줄 몰랐다고 토로하는 이들도 있었으나, 대부분 그만큼 책임감을 갖게 됐고 종업원으로서 창조성과 자주성이 배양됐다. 또한 사원화 제도를 시작한 뒤 퇴직률이 3분의 1로 줄었고 신입사원 채용에 몰려드는 응모자 수도 증가했다. 최근에는 판매원 분야를 넘어 양복을 통해 고객에게 최고의 서비스를 제공하고자 하는 응모자나 앞으로 이 분야에서 자신의 점포를 오픈하고자 하는 꿈을 가진 응모자들도 증가하고 있다고 한다.

그 결과 인재의 다양화가 이뤄져 독특하고 기발한 아이디어를 만들어내는 환경이 조성됐는데, 이러한 종업원의 몰입은 기업의 사회적 지위를 끌어올렸다. 1994년 이래 22년간 줄곧 성장하며 몸집을 무려 약 3,130%나 키워왔다. 유나이텟도아로즈의 종업원 수는 3,706명(2016년 3월)인데 이 중 여성의 비율이 59%다. 점장 이상 관리직의 여성 비율은 35.7%, 종업원의 평균연령은 31.1세, 유급휴가 취득률은 47%나 된다. 숫자로만 봐도 종업원들의 활기찬 얼굴이 떠오른다.

소매업

홈센터

주식회사 한즈만

전 직원의 이름을 외운다

"1,133명(2015년 6월) 종업원의 풀 네임을 하루빨리 다 외우는 게 나의 최대 목표다." 한즈만의 사장 오조노 씨가 인터뷰에서 비장한 각오로 한 말이다. 그는 "종업원의 능력에 매출이 좌우되기 때문에 회사의 실적이 늘고 있는 것은 당연히 종업원 덕분이다"라고 잘라 말한다. 한즈만에서는 매출 같은 객관적인 숫자 등의 영업 성적은 인사 평가의 대상이 아니다. 고객이 기뻐하는 접객을 어떻게 했는지를 중시하는 기업으로 유명하다.

업무 외 시간에는 사장과 종업원 모두가 가족 같은 관계를 만들어가며 1년에 한 번은 종업원 전원과 이야기하는 시간을 갖는다. 오조노 사장은 종업원에게 '한즈만에서 근무하는 것이 만족스럽다'라는 말을 듣는 것이 사장의 역할이라고 말한다. 그는 직원 모두의 성을 외우고 절반이 넘는 700명 정도의 풀 네임을 외우고 있다고 자랑한다. 목표는 직원 모두의 풀 네임을 하루라도 빨리 외워서 그들과

만났을 때 먼저 이름을 부르며 인사를 건네는 거라고 한다. 이렇게 오조노 사장은 종업원 한 사람 한 사람을 소중히 하며 사장과 종업원 간의 끈끈한 유대관계를 유지한다.

또한 한즈만의 직원 급여 수준은 홈센터업계에서 가장 높다고 알려져 있다. 직원 만족을 위한 노력은 급여뿐만이 아니다. 예를 들면 신규점을 오픈하는 전날에는 점포 오픈에 참여한 직원 가족을 전부 초대해 오픈 파티를 개최하기도 한다. 회사 측은 직원들의 노고에 대해 그 가족들에게 고마움을 표시하고, 특히 자녀들에게 '아버지가 이렇게 멋진 일을 하고 있다'는 것을 느끼게 해주자는 동기에서 이러한 행사를 마련한다고 밝혔다. 이런 활동을 통해 오조노 사장을 비롯한 경영진의 마음을 직원들도 충분히 이해하게 됐고, 이에 따라 고객이 무엇을 원하는지 진지하게 파악할 수 있는 기업문화를 정착시킬 수 있었다.

소매업

의류 전문점

しまむらグループ

주식회사 시마무라

'M사원 제도'로 인재 육성

시마무라의 우수한 인재 영입 및 개발에는 남다른 구석이 있는데, 바로 'M사원' 제도다. M[Middle]사원이란 능력은 있지만 전일제로 근무하기 어려운 주부층을 기본 대상으로 한 것으로, 직장생활과 가사를 양립할 수 있도록 해주는 시간제 근로자를 말한다. 일본에서는 나이와 상관없이 주부들이 하루에 3~4시간 아르바이트를 하는 것이 상당히 흔한 일이다. 기업의 노동력 부족 측면에서 보면, 이들의 일손은 특히나 소매업에서는 구세주나 다름없다.

시마무라는 주부들이 일하기 편한 시간대를 고려해 매장의 개점 시간을 아침 10시부터 저녁 7시까지로 설정했다. 개점 15분 전에 도착해 개점 준비를 하고 폐점 15분 전에 귀가 준비를 시작해 정시에 마칠 수 있도록 주부 사원을 고려한 업무 방식을 도입한 것이다. 그리고 M사원 중에서 유능한 인재를 점장으로 등용하기도 하는데, 현재 70% 정도의 점장이 이 제도로 탄생했다고 한다.

'유능한 인재에 의한 효율적인 업무 운영'이라는 경영이념하에 대학 졸업자들의 정규 채용과 함께 M사원 제도를 인재 육성의 기본으로 삼고 있다. 또한 우수한 인재를 영입하기 위해서는 높은 인건비도 기꺼이 지불하는데, 실제로 시마무라의 파트타이머 시급은 해당 지역에서 최고 수준을 자랑한다. 요컨대 시마무라는 저렴한 임금을 통해 인건비를 낮추는 것이 아니라, 표준화된 매뉴얼 아래 한 사람 한 사람의 효율을 높임으로써 인건비를 절감한다.

소매업

중고품

주식회사 토레자파쿠토리

직원의 개성을 살린 매장

최근 일본에서는 합리적 소비라고 할 수 있는 중고품에 대한 수요가 급격하게 증가하고 있다. 대표적인 중고 옷 판매점인 킨지와 더불어 중고 책 및 CD를 판매하는 부쿠오후 등 특정 카테고리에 한정한 기업들이 인기몰이를 하고 있다. 반면, 가전, 가구, 자전거, 심지어는 명품 가방까지 거의 모든 상품을 망라하고 있는 기업이 토레자파쿠토리다. 이들의 매장 상품 구색 차별화에는 특별한 비밀이 숨어 있다.

토레자파쿠토리가 기존 중고 판매점과 가장 크게 다른 점은 바로 매장마다 사원들의 개성이 담겨 있다는 점이다. 여러 지역에 분포돼 있는 토레자파쿠토리 점포는 각각의 점포마다 파는 상품이 모두 다르다. 예를 들어 도쿄 마쓰다 시에 있는 토레자파쿠토리 점포에서 다루는 중고품은 주로 가구 · 의류인 반면, 오사카의 점포에서는 명품 가방 · 손수건 · 중고 식기류 등을 판매한다. 이렇게 각각의 점포마다 다루는 상품이 다른 이유는 바로 점포 사원들의 개성으로 점포를 만들었기 때문이다. 토레자파쿠토리는 상품의 입고부터 진열과 판매까지 모두 사원의 재량으로 이뤄지고 있다. 그러므로 악기를 좋아하는 사원은 중고 악기를 위주로 점포를 만들며, 가방을 좋아하는 사원은 중고 가방, 패션에 관심이 많은 사원은 중고 옷 매장을 만들어가게 된다.

이러한 점포 운영 방식을 통해 토레자파쿠토리는 한정된 중고 상품만을 다루는 점포가 아닌, 다양한 카테고리의 상품을 보유한 중고 판매점으로 확실한 포지셔닝을 했다.

소매업

의류 온라인쇼핑몰

주식회사 스타토토데이

종업원 커뮤니티 활성화

스타토토데이에는 인사부人事部가 없다. 인자부人自部가 그 자리를 대신하고 있다. 인사人事는 '남의 일'이라는 의미를 지니고 있다. 회사 일을 남의 일이 아니라 바로 자신의 일로 생각할 수 있도록 스타토토데이는 '사람 인', '스스로 자' 자를 써서 인자부로 표현하고 있다. 같은 맥락으로 일본말의 '시고토仕事(일)'에서 '仕'는 '섬기다'라는 의미를 지니는데, 이를 대신해 '자연스러운' 일이라는 의미로 '지고토自事'를 사용하고 있다.

스타토토데이에는 사내 직원들끼리만 열람이 가능한 'ST FACE'라는 직원 명단 사이트가 있다. 각 직원의 사진과 기본정보 등을 서로 열람할 수 있는 일종의 직원 커뮤니티다. 이 ST FACE에서는 업무 관련성이 적은 직원끼리도 서로의 취미나 좋아하는 것 등을 격의 없이 공유하며 자유롭게 소통할 수 있는 장치들이 있어 직원들 사이에 반응이 좋다.

또한 본사가 있는 마쿠하리 시에 직원이 거주할 경우 회사는 주택 보조금을 최대 5만 엔까지 지원해준다. 지금은 전 직원의 80%가 마쿠하리 지역에 거주 중이라고 한다. 이 제도 또한 종업원 커뮤니티를 위한 보조장치 역할을 하고 있다.

스타토토데이에서는 일하는 것이 생활의 일부로 아주 자연스러운 일이 된다. 이러한 마음가짐과 환경에서 자유로운 발상이 톡톡 튀어나오며, 서로를 자기계발의 경쟁자로서 자극해나간다는 그들만의 사내 풍조가 시작된다.

제 4 장

신뢰받고 사랑받는 사회적 친화력

주식회사 야쿠오도

쇼핑난민 위한 만물상 드럭스토어

야쿠오도는 '쇼핑난민을 위한 사회적 기업이다'라는 한 문장으로 표현할 수 있다. 쇼핑난민(또는 쇼핑약자)은 최근 일본에서 초고령화 시대의 골치 아픈 사회적 이슈로 부각되고 있다. 인구 감소로 시골 지역의 상점가가 쇠퇴하여 차가 없거나 몸이 약해서 일용품이나 식료품의 쇼핑에 불편함을 겪는 소비자들, 특히 노인계층이 여기에 해당한다.

야쿠오도는 노인을 비롯한 쇼핑난민들의 니즈에 부응하기 위해 의약품을 주로 다루는 드럭스토어가 만물상이 된 것이다. 야쿠오도는 약품 외에도 식료품, 일용품 등의 생활필수품을 충실하게 구비한 '소상권 버라이어티 스토어형의 약국'으로 출범했다. 현재 야쿠오도는 상권 인구 1만 명 이하의 점포와 더 적은 상권 인구인 7,000명 이하의 점포를 위주로 운영하고 있다. 이 중 상권 인구가 7,000명이 되지 않는 지역도 있는데, 65세 이상이 인구의 40% 가까이를 차지하는 낙농 마을 등이다. 점포에서 차로 8~10분 정도 걸릴 것을 고려해 산간 지역 등 전국 체인이 진출하기 어려운 작은 상권에 편리성 높은 매장을 오픈하는 전략을 사용하고 있다. 상권 1만 명 이하의 점포에서는 그만큼 소외지역이라는 특성을 반영해 기존의 상품 구색 외에도 신선식품과 주방용품, 의류, 소형 가전까지 포괄하고 있다.

야쿠오도의 거점 지역은 2011년 대지진이 발생한 동북 지역이라는 점도 특이할 만하다. 이 지역은 대지진 이후 사람들이 계속해서 도시를 떠나는 바람에 상권 인구가 계속 줄었고, '쇼핑난민을 위한 소상권 버라이어티 스토어형 약국'이라는 콘셉트는 그 지역에서 블루오션을 창조했다. 현재 201개인(2016년 2월) 점포 수를 2020년까지 300개로 늘린다는 출점계획을 세우고 있는데, 무난히 달성할 것으로 보인다.

주식회사 야마야

'산포요시'의 정신

우월적인 지위를 남용하여 거래처를 쥐어짜는 기업들의 이야기가 들려오곤 한다. 예를 들어 가전업계 1위 기업인 야마다텐키가 가전제조업체에 종업원을 무상으로 파견시킨 문제나, 세븐일레븐재팬이 가맹점에 폐기 직전의 오니기리나 벤토 등의 할인판매를 제안한 문제 등은 사회적으로 큰 충격이었기에 몇 년이 지난 지금까지도 회자된다.

반면에, 주류 전문점 야마야는 의외의 목표를 실현하기 위해 '월드 리커 시스템world liquor system'이라는 유통혁신을 감행했다. 월드 리커 시스템이란 직수입에서 자사통관, 물류, 점포판매 등 모든 업무를 자사 일관체제로 관리하는 것이다. 이를 통해 진귀한 상품을 고품질 저가격에 제공하는 주류 중심의 기호품 전문점으로 차별화하면서 업계 1위 기업이 됐다.

재미있는 사실은 야마야가 왜 월드 리커 시스템이라는 기존의 유통을 재구축하려 했는지에 대한 문제의식이 전혀 다른 곳에 있었다는 점이다. 창립 이래 46년 동안 변함없이 지켜온 '산포요시三方善'라는 야마야의 기업이념에 바로 그 답이 있다. 이것은 야마야, 거래처, 사회라는 3자가 서로 조화해 복리를 증가시키는 것을 말한다. 이 정신은 단기적인 손실에 구애받지 말고, 고객과 거래처를 존중하면서 3자의 신뢰를 돈독히 하고, 나아가서는 사회에 공헌한다는 사고방식이다. 고객에게 무리하게 염가로 팔지도 않을뿐더러 거래처를 쥐어짜면서 싸게 구입하는 것도 용납하지 않는다. 대신 야마야는 거래처의 좋은 상품은 더 좋은 값을 쳐주고 소비자에게 더 저렴한 가격으로 판매하기 위해 끊임없이 고민을 거듭해왔다. 기존의 유통 상식을 깨기 위한 부단한 노력과 시행착오의 결실이 월드 리커 시스템이 된 것이다.

야마야는 1981년부터 수입품을 취급했는데 현재는 프랑스, 호주, 이탈리아, 스페인 등 32개국의 주류 및 식료품 제조업체와 직거래를 하면서 끈끈한 파트너십을 유지하고 있다. 이처럼 국내외 거래처에는 든든한 파트너로서, 그리고 고객에게는 언제나 안심할 수 있는 최강의 (구매) 대리인으로서 야마야는 사회적 역할에 충실히 임하고 있다. 그런 야마야에 업계 1위라는 타이틀은 너무나 당연하다.

서비스업

노인 대상 토털 서비스

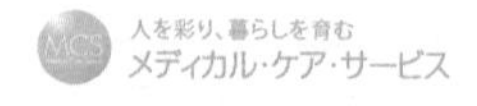

메디카루케아사비스 주식회사

사회적 약자 배려

후생노동성 발표(2015)에 따르면, 2012년 고령자 462만 명이 치매 환자인데, 2025년에는 약 700만 명으로 빠르게 늘어날 전망이라고 한다. 이 수치는 의학적으로 진단을 받은 치매 환자를 말하며, 미미한 치매 증상을 가진 잠재적 치매 환자까지 포함하면 그 수는 엄청나게 증가한다. 초고령화 사회가 해결해야 하는 이 우울한 과제에 마땅한 솔루션을 찾지 못하고 있는 가운데, 사회적 약자를 배려하는 기업이 이목을 끌고 있다.

메디카루케아사비스는 치매에 대한 방대한 경험을 상업적 목적으로만 활용하지 않는다. 치매와 간호 분야에 정보를 필요로 하는 사람들에게 자신들의 축적된 경험과 노하우 등을 제공한다. 또한 이벤트, 세미나를 실시하면서 치매에 관한 건전한 지식과 이해를 증진할 목적으로 계몽 활동을 벌인다. 노인 복지 서비스와 연계된 간병 지원 서비스도 있다. 간병을 하는 사람이나 가족이 보다 쾌적한 생활을 영위할 수 있도록 지원하는 서비스다. 케어 매니저가 가정에서 간호 방법이나 보험, 보건 복지 서비스 등에 대해 설명해주고 이용하는 절차를 알려준다. 전화는 물론 창구 상담도 가능하다. 이 서비스는 간병보험에만 가입돼 있다면 누구나 무료로 이용할 수 있다.

2010년 9월에는 장애인의 고용을 촉진하고 사회생활을 지원하기 위해 '메디카루케아사비스 하트풀'을 설립했다. 사회적 약자를 위한 마음이 남다르다는 사실이 드러난다. 현재 일본에서는 직원의 2% 이상은 장애인을 고용하는 법이 실행되고 있다. 하지만 현실적인 장벽이 너무나도 높기에 실제로는 아직까지 이렇다 할 만한 실현 사례가 없다. 하트풀 주식회사가 돋보이는 이유다. 하트풀은 장애인을 고용해 육성하는 기업으로, 장애 유무와 관계없이 한 사람이라도 더 일하는 기쁨을 실감할 수 있도록 하는 것이 그들의 창립이념이다. 현재 65명(2016년 10월)의 종업원 중 장애인 수첩 보유자가 47명(신체 7명, 지적 33명, 정신 7명)이나 된다. 하트풀에서는 메디카루케아사비스의 시설 청소 업무, PC 업무, 인쇄 업무를 주로 담당한다. 이러한 공로가 인정돼 사이타마 현의 장애인 고용 우수 사업장으로 인정받기도 했다. 장애인을 고용하면서 기업에서 아웃소싱해야 할 부분을 사회적 활동으로 활용하면서 기업의 이미지를 제고함과 함께 사회적으로도 기여하고 있다.

주식회사 와쿠만

가맹점은 기업의 얼굴

일본이나 한국이나 가맹본부와 가맹점 간에 불협화음이 끊이지 않는 건 크게 다르지 않은 듯하다. 심지어는 가맹본부의 무리한 요구 때문에 가맹점주가 자살하는 불행한 사건까지 일어나고 있다. 반면에 가맹점 한 점포 한 점포와의 인간적 유대관계를 구축하며, 고객의 80%가 재방문 고객이라는 사실을 자랑하는 와쿠만이라는 기업도 있다.

와쿠만은 작업복 및 작업 관련 용품 업계 1위 전문점이다. 100평 매장에 작업용품과 관련된 총 7,500여 개 아이템을 표준으로 프랜차이즈 사업을 전개하며, 일본 3개 현을 제외한 44개 현에서 766개 점포(2016년 3월)를 운영하고 있다. 와쿠만은 다양한 산업별 고객 각각의 환경과 요구에 한 치의 오차도 없이 감동을 보장한다는 비장한 각오를 가지고 있다. 소비자의 작업 환경은 저마다 다르기 때문에 산업마다 필요한 요구에 알맞은 상품을 제작해야 한다는 것이다. 고온의 작업 현장 또는 냉동 창고에서 작업할 수도 있고, 기름을 쓰거나 용접처럼 불꽃이 튀는 작업도 있고, 환경은 천차만별이다.

이처럼 다양한 고객 입장에서 서비스를 제공하기 위해 와쿠만은 점포를 개점하기 전 가맹점 연수를 통해 점주들과 직원들의 서비스 의식 교육을 실시한다. 쓰치야 요시오 사장은 특히 현장의 소리에 귀를 기울여야 한다고 강조한다. 그중에서도 가맹점주와 본사와의 관계는 단순한 비즈니스 관계가 아닌 더욱 단단한 인간적 유대관계라는 점이 포인트다. 물건을 소비자에게 판매하는 것은 결국 점장이기 때문에 소비자들이 인식하는 가맹점의 이미지가 와쿠만의 얼굴이라는 것이다.

가맹점의 역할은 와쿠만의 기업 이미지만을 정하는 것은 아니다. 가맹점은 손님의 의견을 바로바로 들을 수 있는 기업의 귀 역할도 할 수 있다. 이러한 이유에서 와쿠만은 가맹점 지원 정책에 대해 수퍼바이저가 정기적으로 점포를 순회하면서 점주의 의욕을 향상시키고 현장 중심적인 사고를 확립하여 문제점과 개선점에 대해 발 빠르게 대처하도록 했다. 또한 가맹점들의 계속적인 성장을 지원하고 뒷받침하여 단지 점포와 이름만 빌려주는 것이 아닌, 점주 한 명 한 명이 사장이라는 의식을 새겨준다. 자신감과 소속감을 향상시키는 것이 와쿠만이 표방하는 친화적 서비스의 열쇠라고 믿기 때문이다.

無添 くら寿司
Revolving Sushi Bar Kurasushi

주식회사 쿠라코포레이션

양심경영의 리더십

스시업계 최초 몽드셀렉션 금상 수상, 회사 설립 후 20년간 매출 증대, 20년간 1,760%라는 폭발적인 성장 등의 쾌거에는 '다나카류의 양심경영'이 밑바탕이 되었다. 다나카 사장은 일본의 외진 시골에서 농사를 짓는 집안의 아들로 태어나 가족의 농사일을 도우며 자랐다.

그는 가업을 돕기 위해 일을 하던 도중 깨달음을 얻었다. 현대의 많은 기업은 TV와 여러 통신매체를 통해 광고를 하면서 자기 제품들을 판매하는데, 기업의 제품들을 생산하는 일은 대부분 아웃소싱으로 대체하고 있다. 기업의 경영진은 자기 기업에서 생산한 식품 또는 제품을 먹지도 않고 사용하지도 않으면서 계속 만들어내고 팔 것을 지시한다. 다나카 사장은 많은 스시 산업에서도 이와 비슷한 현상이 발생하고 있다고 주장한다. "대부분의 식재료를 여러 곳에 아웃소싱하며 경영자들도 먹지 않는 각종 인공 첨가물로 범벅이 된 스시를 어떻게 손님들이 마음 놓고 구매할 수 있겠는가?"라고 그는 말한다.

다나카 사장은 쿠라코포레이션에서 만드는 스시를 비롯한 모든 식품에는 인공적인 화학 첨가물을 절대로 넣지 않고 좋은 품질만을 사용할 것을 약속했다. 그리고 제품을 아웃소싱업체에 맡기지 않고 매장 안에서 직접 만들어낸다. 쿠라스시를 운영하는 매니저들도 자기 회사의 음식을 사랑하는 책임감 있는 경영자들로 만들겠다고 다짐한다. 고객을 생각하는 다나카 사장의 마음씨가 돋보이는 부분이다. 훨씬 저렴한 재료와 화학 첨가물 등을 사용하면 비용을 줄이고 기업에 훨씬 많은 이익을 가져다줄 수 있음에도, 쿠라스시를 좋아해주는 고객을 위해서 양심적으로 경영하고자 하는 책임감 있는 리더십이다.

伊藤園

주식회사 이토엔

협력업체와의 신뢰 기반 가치사슬

이토엔은 녹차의 원료를 조달하는 차 농가에서부터 가공, 생산 단계의 거래처와 유통 단계의 대리점까지 가치사슬 전반에 걸친 장기적 협력관계를 토대로 차 전문 브랜드로 성장한 기업이다. 전체 매출의 35%(청량음료 매출 대비 39%)를 차지하는 이토엔의 메인 브랜드 오이 오차는 현재 일본 음료 시장에서 가장 친숙한 브랜드 중 하나다. 녹차음료 브랜드에서는 1위, 청량음료 전체 브랜드에서는 2위의 판매량이다. 1989년 발매 이후 20년간 150억 개(500밀리리터 페트병으로 환산)가 팔렸을 정도다.

오이 오차를 생산하는 데 일본 국내 찻잎의 약 4분의 1이 사용된다. 오이 오차의 우수한 맛과 향의 비밀이 바로 일본에서 재배하는 찻잎을 100% 사용한다는 점이다. 이토엔은 찻잎 재배 지역 농민들과 장기적인 신뢰관계를 구축하여 고품질 녹차 잎을 안정적으로 공급받았다. 이 공급 기반이 없었다면 지금의 오이 오차, 아니 이토엔은 존재하지 않을지도 모른다.

2001년부터 이토엔은 차 재배 지역 활성화 프로그램을 운영해왔다. 이 프로그램은 안정적이고 적합한 원료의 조달, 매년 증가하는 차 재배 산업의 생산 효율성 제고, 재배자의 훈련 등을 목적으로 한다. 이 프로그램을 통해 전국의 찻잎 재배 산지에 정기적으로 직원을 파견해 이토엔 고유의 생산 및 가공 기술을 제공함으로써 농가의 생산성을 크게 향상시켜준다. 한편, 생산된 녹차는 전부 이토엔에서 구입해가기 때문에 시장 가격의 변동과 무관하게 농부들도 안정적으로 소득을 올릴 수 있다.

주식회사 아인홀딩스

안전이 제일이다

소비자청은 2009년부터 5년간 감기약, 진통제 등 일반용 의약품에 의한 부작용으로 의심되는 증세가 1,225건이나 되며, 그중 15건은 사망에까지 이르렀다는 안타까운 발표를 했다. 물론 그 원인이 의약 제조업체에 있는지 아니면 사용자의 실수에 있는지 명확하지 않은 사례가 대부분이다. 의사나 약사의 처방이 필요한 전문 의약품이 아닌, 일반용 의약품에서도 부작용이 발생할 수 있다는 사실에 소비자들의 불안감이 커지고 있다.

아인홀딩스 산하의 아인화마시즈는 한마디로 '안전'을 빼고 말할 수 없을 정도로 조제 정책이 까다롭다. 이 기업은 조제약국 881개 점포(2016년 4월)를 운영하며, 조제약국업계 수위를 달리고 있다. 하지만 뼈아픈 과거도 있는데, 그에 대해 철저히 반성하고 새롭게 태어난 결과이기도 하다. 안전성을 중시하게 된 하나의 계기가 1996년 아인 조제약국에서 발생한 조제 실수다. 알약 자동 분포기의 충전 실수로 30명 정도에게 과다 투약하고 말았다. 아인에서는 즉시 깊이 사죄하고 재발 방지를 약속했다. 관련 상품을 모두 회수하고 교환도 실시했다. 다행히 건강상 피해는 거의 없었지만, 사건이 발생한 1996년부터 4년간 영업 및 경상이익 적자를 면치 못했다. 특히 1997년에는 최고치인 약 15억 6,000만 엔의 적자를 냈다. 사건 이후 20년이 지난 지금까지도 오타니 사장이 회의 때마다 언급하는 말이 있다. "약국에 가장 중요한 것은 안전이다."

이제는 안전성이 모든 것에 우선한다는 정책이 아인의 유전자로서 사원 전원에게 각인돼 있다. 사고 방지 대책에도 적극적으로 임하고 있다. 조제 선반 서랍에 규격이 다른 노렌(천막, 커튼과 비슷한 것)을 다는 구상도 꽤 일찍이 시작하여 현재는 전국적으로 이뤄지고 있다. 현장의 아이디어를 흡수하면서 사고 방지와 연결되는 것은 어떤 것이든 추가해나갔다. 사고가 일어났을 때의 대처 흐름이나 사내의 보고 루트에 대해서도 상세히 규정하고 있다. 또한 소비자가 더욱 안심할 수 있도록 전자 약수첩 서비스를 독자 개발하고, 영어 대응 약국점포도 오픈했다. 한편, 대학 및 연구기관과 공동연구도 충실히 진행한다. 그들의 조제에 대한 활동과 발견은 학술대회에서 논문으로 발표함으로써 정기적으로 안전에 대한 안테나를 세우고 있다.

사고를 방지하기 위해 최대한 노력하겠지만, 그럼에도 사고는 언제든지 발생할 수 있다. 이런 때는 즉각 성의 있는 대응에 나선다. 이것이 아인홀딩스 오타니 사장이 가장 중시하는 경영철학이다.

Valor Holdings

주식회사 바로홀딩스
지역사회의 동반자

슈퍼마켓업계에서 난공불락의 지역이 있는데, 바로홀딩스가 튼튼한 기반을 두고 있는 기후 현이다. 바로홀딩스는 크로켓 18엔, 500밀리리터 생수 48엔, 주먹밥 58엔, 98엔 균일 가격인 갓 구운 빵, 도시락 248엔 등 압도적인 저가격 PB 상품 '서프라이즈50'으로 유명하다. 버블경제 붕괴 후, 기후 현 중심의 지역 도미넌트 출점으로 2016년 결산 기준 26년간 매출액이 성장해온 기업이다. 한 지역의 시장을 단숨에 삼켜버린 바로홀딩스의 성장 비결은 상품을 판매하는 소매업 이전에 지역사회를 위한 동반자를 자처했다는 점이다.

바로홀딩스는 지역 시민들에게 친근한 기업으로 다가가기 위해 매년 지역의 사회 · 문화 발전에 기여하는 활동들을 펼친다. 지역 시민들의 안전을 위해 2015년 공익재단법인 기후현방범협회, 공익사단법인 아이치현협회 등 지역 방범활동을 위한 단체에 지원 및 기부를 하고, 양 단체에서 감사장의 역할을 수행했다. 지역 시민의 문화

생활을 위해 기후 현 다지미 시에 '바로 문화 홀'을 세웠고, 청소년을 건전하게 육성하고 지역에 공헌할 목적으로 1999년 바로의 창업자인 이토 씨가 사재를 들여 '공익재단법인 이토청소년육성장학회'를 설립했다. 더불어 지방자치단체와 협정을 맺어 재해가 발생했을 때 생필품 조달과 피난시설 제공 등의 지원을 하고 있다.

또한 바로는 지역사회의 환경을 위해 매년 달성 과제를 정하고, 그것을 수행할 수 있도록 노력한다. 예를 들어 점포에 LED 조명의 도입을 적극적으로 추진하고 있다. 특히 인테리어에서 조명이 차지하는 전기 사용 비율이 높기 때문에 LED 조명으로 바꾸면서 전기의 사용량을 줄이도록 하고 있다. 2012년부터는 기후 현에서 '생명의 숲 만들기' 프로젝트를 시작했다. 아이들과 지구의 미래를 향한 환경보전, 정비활동의 하나로 '희귀종 보전과 토지 본래의 숲 재생'을 콘셉트로 진행된다. 이 프로젝트에서는 식물학자 미야와키 씨의 지도 아래 지역 시민과 거래처 직원, 바로 직원 등 약 3,000명이 참석해 약 3만 그루의 나무를 심었다. 이 프로젝트의 일환으로 슈퍼마켓 각 거점에서 식수 활동도 진행한다. 바로는 이러한 환경보전에 대한 성과를 매년 '바로의 환경백서'라는 보고서로 발표하여 지역사회의 환경에 공헌한 내용을 널리 홍보하고 있다.

제 5 장

틀을 깨는 창의적 역발상

제조업

업무용 모발제품

MILBON

주식회사 밀본

상품을 팔지 않는 영업

일본 국내에서 업계 넘버원은 의미가 없다. 오사카의 한 동네에 본사를 둔 밀본은 국내뿐만 아니라 타이완, 홍콩, 베트남, 말레이시아, 터키, 인도네시아, 필리핀까지 주재원 사무소를 개설하며 오직 글로벌 넘버원을 위해 오늘도 불철주야 영업에 매달리고 있다. 업무용 모발제품을 제조하는 밀본은 상당한 수익률을 자랑한다. 2016년 12월 결산자료를 보면, 순이익률이 무려 10.5%(영업이익률은 17.5%)에 자기자본이익률이 11.4%(자기자본비율은 85.4%)나 된다. 흥미로운 것은 밀본이 '상품을 팔지 않는 영업'이라는 독특한 영업을 통해 황금알을 낳는 거위 기업으로 성장했다는 사실이다.

밀본에서 필드 퍼슨Field Person이라고 불리는 영업사원은 입사 후 조금은 특별한 교육을 받는다. 미용사와 같은 것을 보고 같은 생각을 하기 위해 9개월 동안 충분한 지식과 기술을 익히는 것이다. 영업사원들이 이러한 과정을 거치는 데에는 밀본의 창업자인 고노이케

씨의 기본 이념이 큰 영향을 미쳤다. 제조업체인 밀본에 가장 중요한 업무는 자사의 제품을 설명하고 판매하는 영업이었다. 하지만 고노이케 씨는 이러한 영업이 자사 고객인 미용실이 가장 싫어하는 행위였다는 사실을 깨달았다. 고객이 진정으로 원하는 것은 제품 자체가 아니라 새로운 트렌드, 기술, 경영 방법, 교육 노하우 등 미용 관련 가게에서 필요한 경영 소프트웨어였다.

그래서 그는 영업 담당자가 자사의 상품을 설명하기보다는 미용실의 경영 지원이나 기술 지도를 실시하도록 만들었다. 서비스를 거의 무상으로 해주면서 미용실의 고민을 해결해주기 위해 앞장서고, 고객들로부터 억지스럽지 않은 자연스러운 상품 구매를 유도했다. 가격 경쟁과 거리를 두면서 오히려 강점을 키워왔다고 할 수 있다. 한마디로 "상품을 팔지 말아라, 콘셉트와 기술을 팔아라"라고 가르친 것이다.

이렇게 콘셉트와 기술을 파는 밀본은 상품 개발에서도 독자적인 방법을 채택하고 있다. 필드 퍼슨 시스템에서 헤어 디자이너들과 협업하듯, TAC[Target Authority Customer] 제품개발시스템이라는 상품 개발 모델을 통해 상품 전부를 특정 미용사와 공동 개발하는 방법이다. TAC 제품개발시스템으로 만들어진 상품은 대부분 사용 방법을 모르면 사용하기 어려운 것들이다. 미용기술 전체가 제품화된 것이기 때문에 기술을 전수받지 않으면 효과적으로 사용할 수 없다. 필드 퍼슨은 일반 미용사들에게 제품만이 아니라 노하우라는 서비스가 포함된 상품을 제공한다. 일반 미용사들은 밀본의 제품을 사용하면서 성공한 미용사들의 기술력까지 전수받는 셈이다.

단기적인 매출과 이익을 위한 상품 판매 영업이 아니라 콘셉트와 기술을 파는 영업에 매진해온 결과 밀본은 업무용 헤어 제품 기준으로 업계 점유율 18%를 기록하며 1위를 달성했다.

주식회사 키치리

신입사원들로만 구성된 점포

힘든 취업난을 뚫고 무엇보다 값비싼 보상을 움켜쥔 일본의 대졸 신입사원은 3명 중 1명이 3년 이내에 이직하는 추세를 보인다. 더 놀라운 건 1년 이내에 그만두는 비율이 약 12%에 달한다는 것이다. 그 이유는 주로 '보람이 없다, 회사 분위기에 적응하지 못하겠다, 인간관계가 힘들다, 급료가 적다' 등으로 결국에는 동기부여나 의욕의 문제였다.

레스토랑을 운영하는 키치리 또한 같은 문제로 고민하고 있었다. 바로 그때였다. '신입사원들만으로 구성된 점포'라는 엽기적인 아이디어가, 그것도 히라카와 사장으로부터 튀어나왔다.

2014년 4월, 키치리는 오사카 시내에 신입사원 9명만으로 구성한 이자카야 점포를 오픈했다. 키치리는 1년여의 시간 동안 점포의 콘셉트는 물론, 메뉴와 가격 등 점포 운영에 관한 모든 사항을 신입사원들의 판단으로 이끌어가게 했다. 그들이 저마다 현장을 경험하면서 실패를 두려워하지 않게 하고, 작으나마 자신의 노력으로 인한 성공 경험을 쌓게 하며, 나아가 스스로 생각하고 판단해서 일하는 능력을 키우게 하기 위함이었다. 또한 점포에 필요한 노하우와 매출 목표를 달성하기 위한 계획을 직접 세우게 해 동기부여의 계기로 삼도록 했다.

놀랍게도, 이전에는 점장의 지시에 따라서만 일하던 사원들이 일하는 방법이 바뀌자 엄청난 변신을 했다. 이들 신입사원 중 이직자가 한 명도 나오지 않았을 뿐 아니라, 입사 후 3개월째에 대형점의 점장을 배출하는 놀라운 전설을 만들었다.

NEVER SAY NEVER
ロート製薬

로토세야쿠 주식회사

남과 똑같은 것을 하는 것은 수치

로토세야쿠는 1899년 창업 이래, 위장약 '팡시롱', 안약 '로트 V' 등을 주력으로 삼아 성장해온 120여 년의 역사를 가진 기업이다. 해외 110개국에 네트워크를 가지고 있으며 총매출 약 1,517억 엔(2015년 3월)의 60%가 일본 국내에서, 40% 정도가 해외에서 달성될 정도로 글로벌 기업이다. 특히 1909년 첫 번째 안약을 선보인 이후 다양한 안약을 꾸준히 개발하며, 안약 시장에서 40%라는 최고의 시장점유율을 차지하고 있다.

그들의 도전에는 한계가 없었다. 야마다 회장은 취임 후 화장품 사업에 도전했다. '제약회사가 만드는 화장품'이라는 이미지로 브랜딩하며, 좋은 성분을 강조한 화장품을 만들기 시작했다. 현재는 스킨케어 제품과 같은 화장품 사업에서 뚜렷한 윤곽을 드러내고 있으며, 화장품 매출이 로토세야쿠 전체 매출의 60%나 차지하고 있다. 의약품 사업에서 화장품 사업으로 주요 사업 분야가 변화된 것이다.

경쟁사가 북적거리는 화장품 시장에서 로토는 어떻게 성공했을까? 로토세야쿠의 성공 비결은 바로 오래된 점포와 기업의 껍질을 벗어버리자는 '야마다류의 조직 대개혁'에 있다. 1999년에 야마다 회장이 취임한 이후 매출이 2배로 증가했는데, 이는 야마다 회장이 기존의 조직문화에서 탈피해 조직문화를 새롭게 창조함으로써 조직의 효율성을 높였기 때문이라고 볼 수 있다. 그는 기존의 관료제적인 문화에서 벗어나 보다 평등하고 자율적인 문화를 정립했다. 예를 들어 사무실 내에서 임원 전용 공간을 없애버리고 임원과 일반 직원들이 나란히 앉아서 업무를 볼 수 있도록 했다. 호칭도 직책을 부르는 것이 아니라 '로토네임'이라는 별명을 만들어 부르게 하는 규칙을 만들었다. 이렇게 상하관계의 경직성을 없애고 부서 간 거리감을 줄이자 점차 평등하고 유연한 조직문화가 자리 잡았다. 그 결과로 탄생한 것이 화장수 '하다라보'라는 대히트 상품이다. 경력사원으로 채용된 마쓰모토 씨가 그해 제안하여 실현된 것인데, 놀라운 점은 당시 4명으로 구성된 개발팀에는 20대 사원이 3명이며 그중에는 신입사원도 포함됐다고 한다.

'남과 같은 것을 하는 것은 수치', '불가능은 없다'와 같은 사훈과 CI처럼 로토세야쿠는 끊임없이 여러 분야와 제품을 연구하며 개발을 이어갔고, 시대의 요구와 경쟁사의 움직임에 대처해 유연한 조직을 만들었다. 모든 부문에서 전문성을 갖춘 직원들을 각 프로젝트팀에 합류시키고, 팀별로 충분히 논의하여 새로운 사업 및 제품들을 신속하게 개발하고 생산하는 시스템을 구축했다. 이러한 조직의 유연성 덕분에 기술 노하우를 꾸준히 축적할 수 있었고, 추가 성장을 달성하고 변화에 신속하게 대처하며 거대 기업들 속에서도 꿋꿋하게 살아남을 수 있었다.

최근 들어 성 역할을 둘러싼 고정관념이 변화하면서 남성도 여성스럽게 변하기 시작했다. 로토세야쿠는 이러한 추세에 아주 빠르게 대처해 남성용 기미 방지 화장수를 내놓았다. 로토세야쿠는 남성 화장품의 선도주자로서 일본 내에서 고교생부터 대학생에 이르기까지 광범위한 입소문을 얻어내며 성공을 거머쥐었다.

소매업

드럭스토어

주식회사 산도랏구

하나의 점포에 2명의 점장

뱃사공이 둘이면 그 배는 좌초한다는 말이 있다. 한 점포에 2명의 점장이 있다면 어떻게 될까? 완벽한 팀워크를 이루지 않는 한, 업무적으로 권한과 책임 그리고 의사결정에서 빈번한 갈등이 생기기 십상이다. 또한 조직 내 경쟁을 유발하는 것은 자칫하면 팀워크 자체를 무너뜨려 조직의 생존을 위협할 수도 있다. 버블 붕괴 후 23년간 증수증익을 달성한 드럭스토어 산도랏구는 실제로 한 점포에 2명의 점장이 존재한다.

산도랏구의 점원은 "고객님께서는 일상생활에서 보통 어떤 약을 복용하고 계십니까?"라는 질문을 한 후 고객의 증상과 생활 스타일에 맞게 시간을 들여 신중하게 상품을 추천한다. 저가격 전략을 추구하는 점포는 셀프서비스로 인건비를 줄이고, 그 줄어든 인건비를 가격에 반영하는 것이 일반적이다. 하지만 산도랏구에서는 반대로 점원의 친절한 대응을 통해 매출을 높인다. 그렇다면 어떤 방법으로 저가격을 실현하는 걸까? 그 비밀은 점포 안을 자세히 살펴보면 알 수 있다. 접객을 중점으로 하는 여성 점원 옆에는 묵묵하게 상품 진열에만 열중하고 있는 남성 점원을 볼 수 있다. 산도랏구에서는 하나의 점포에 2명의 점장 제도를 도입하고 있는데, 접객과 점포 운영에 따른 작업을 담당자를 나누어 전담케 한 것이다. 이 제도는 천천히 공을 들여 고객을 응대하는 것과 점포 내의 상품 진열 및 관리 작업을 효율성 있게 하는 것은 상반되는 두 가지 작업이라는 발상에서 시작됐다.

접객 담당자는 고객이 만족스러운 상품을 구입할 수 있도록 사내 전용 교육시설에서 정기적인 시험을 거치면서 자신의 업무 능력을 향상시킨다. 시험 성적이 높은 사원은 상여금도 받을 수 있다. 접객 담당자는 매출과 이익의 목표에 대해서는 관여하지 않는다. 고객의 건강에 영향을 주는 약을 판매하면서 매출 목표에 관여하는 것은 본분에 맞지 않기 때문이다. 한편, 점포 운영 책임자는 청소와 상품 진열 등 매장 안의 운영을 관리한다. 상품 품목을 준비하고 정리하기까지 작업의 시간을 설정하고 관리한다. 매장의 입지와 규모, 매출 등 설정 조건은 다소 차이가 있지만, 매장관리 담당자는 하루 동안 모든 점원이 작업을 효과적으로 처리할 수 있도록 지시하는 역할 작업표를 작성해 모두와 공유한다.

다소 자유도가 적고 답답한 구조로 보일 수 있으나 정해진 작업을 정해진 시간 내에 충실하게 실천하는 방법이다. 담당자 역시 가장 효율적으로 일을 끝낼 수 있기 때문에 스트레스를 느끼지 않는다. 이러한 '한 점포 두 점장' 제도는 고객이 만족할 만큼 접객을 충실히 수행해 매출을 높이고 매장 내의 작업은 매장 담당자가 효율적인 시간 배분을 통해 관리하므로 비용을 절감해준다. 접객을 위한 인건비를 줄임으로써 매출에도 긍정적인 효과를 미친다.

ROCK FIELD

주식회사 로쿠피루도

배짱 있는 상품으로 발상을 전환

임차료나 수수료가 엄청 비싼 백화점 지하 음식 매장에서 단가가 싼 샐러드와 고로케로 지속 성장하는 의아한 기업이 있다. 일본인은 고로케를 정말 좋아하는데, '고베 고로케'라는 브랜드로 전 국민의 사랑을 독차지하는 기업이다. 즉석조리식품을 제조 · 판매하는 로쿠피루도가 그 주인공으로, 최근 한국에서도 이 기업의 'RF1'이라는 브랜드 인지도가 높아지고 있다.

고로케는 냉동이 당연했던 시대에 로쿠피루도만은 달랐다. 고로케 재료와 제조 방법에 엄청난 고집을 부리며, 소비자의 눈앞에서 날것을 바로 튀겨 판매한 것이다. 지금 생각하면 대단히 상식적인 이야기다. 하지만 당시로서는 소비자들이 그 고로케를 사기 위해 몇 시간씩 기다리는 것을 마다하지 않을 정도로 획기적이었다. 한마디로, 발상의 전환이 필요한 것이다.

사람들이 백화점에 가는 건 단순히 구경을 하기 위해서나 특별한 날에 특별한 선물을 구매하기 위한 것이라고 흔히 생각한다. 하지만 백화점 지하는 전혀 다른 세상이다. 평소에는 동네 마트에서 10엔이라도 싼 물건을 사려고 노력하는 사람들이 백화점 식품 코너에선 아낌없이 지갑을 연다. 이와타 사장은 이 점에서 새로운 아이디어를 떠올렸다. 그는 사람들이 백화점에서 돈을 평소보다 많이 쓰는 이유는 의외로 간단하다고 말한다. 즉, 백화점의 분위기에 취해서 혹은 답답한 일상에서 벗어나 항상 고생하는 자신에게 작은 보상을 주고 싶어서라는 것이다. 샐러드라고 해봐야 마카로니나 양배추밖에 들어있지 않지만 사람들은 줄을 서서 산다.

이러한 사실에 용기를 얻어서 이와타 사장은 장사를 할 땐 배짱이 필요하다는 것을 느꼈다. 그래서 로쿠피루도는 백화점 지하에서 커틀릿이 아닌 고로케를 팔았고, 좀더 신선하고 다양한 샐러드를 팔기로 한 것이다. 현재 샐러드, 반찬 등을 제조 · 판매하는 RF1 매장은 전국에 171개, 고베 고로케는 38개 등 총 326개 점포를 운영할 정도로 인기다.

특히 고로케를 사업 아이템으로 정한 이유는 친밀감 있는 서민의 맛을 '고베큐'와 연계해 고베라는 도시의 브랜드로 만들고 싶었기 때문이다. 이와타 사장은 한 방송 인터뷰에서 "배짱 있는 상품이라면 가능하다"라고 자신감을 내비쳤다. 로쿠피루도는 아무리 당연한 것도 그냥 넘어가지 않는다. 다른 시점에서 생각할 것을 강조하며, 또한 연구하는 자세가 지금의 로쿠피루도를 있게 했다고 말해도 과언이 아니다.

ケーズデンキ

주식회사 케즈홀딩스

열심히 하지 마라

케즈홀딩스는 2016년 9월 기준 467개 점포를 운영하고 있는데, 그들의 기업이념은 굉장히 독특하다. 흔히 이 정도 기업이면 현장주의와 글로벌화 등 여러 가지 화려한 전략을 구상한다. 하지만 케즈홀딩스는 '열심히 하지 마라'라는 기업이념하에 시골 지역을 점령하는 의아한 출점 전략을 펼친다. 사업을 무리하게 확장하며 성공 여부가 불확실한 곳에 자사의 자금 및 자원을 투자하는 것보다는 현재 진행 중인 사업에 집중하자는 것이다. 무리해서 성장하느라 필연코 발생하는 낭비를 피하고 내실경영에 집중하자는 말이다.

창립 이후 케즈홀딩스의 가게는 시골에 자리 잡는 비율이 높다. 점포개발 담당 히라모토 키요시 전무와 인터뷰한 내용에 따르면 이러한 비율은 우연이 아닌 계획의 일부라고 한다. 일반적으로는 시골이라 하면 도시에 비해 수요나 인구 비율에서 경쟁력이 떨어질 것이라고 생각한다. 도심이나 큰 터미널이 아니라 시골에 점포를 내는 이유를 케즈홀딩스의 모리타 세이이치 개발부장은 이렇게 설명한다.

"시골에 점포를 오픈하는 이유는 비용이 절감되기 때문이다. 목표로 하는 토지의 임대료는 제곱미터당 월 2,000엔 안팎으로 도심의 터미널 입지 시세에 비하면 10분의 1 정도로 저렴하다."

그렇다고 싼 가격의 입지만을 중심으로 하는 것은 아니다. 임차료가 비싼 가게를 오픈한 다음 싼 가게를 오픈해 평균화한다는 것이다. 이러한 시골점포 전략이 저가 운영을 도출하는 또 하나의 이유는 교외라면 파트 · 아르바이트 시급 등 노동비도 그만큼 낮게 들기 때문이다. 유능한 인재를 값싼 비용에 고용할 수 있는 여건이 마련되는 것이다.

눈앞에 보이는 산을 넘으면 보물을 차지할 수 있다 하더라도 산을 넘어본 경험이 없으면 안전을 보장할 수 없다. 그러니 눈앞에 있는 작은 이익을 확보하는 것이 안전하다는 뜻이다. 케즈홀딩스는 황금알을 낳는 오리의 배를 가르기보단 매일매일 황금알을 착실히 모으는 쪽을 선택한 것이다. 그 결과 비록 매출액 기준에서는 업계 5위에 머물지만, 자기자본비율(47.9%)은 업계 1위, 시가총액(2,297억엔)과 매출액영업이익률(3.38%)은 각각 업계 2위를 달리고 있다.

소매업

유아 및 어린이 용품 · 의류

주식회사 니시마쓰야체인

고객의 80%가 느끼는 만족을 목표로

극도로 단순한 매장을 만들어 한 치의 오차도 없이 표준화된 점포를 운영하는 것이 니시마쓰야체인(어린이 · 베이비용품 및 의류 판매 소매업)의 가장 큰 특징이다. 하지만 무엇보다, 이상적인 가게는 하루아침에 만들어지는 것이 아니다. 오무라 사장은 매장을 둘러보면서 직원들과 자주 마주치도록 했고, 매장을 유심히 관찰하는 일을 습관처럼 반복해왔다.

어느 날 가게가 왜 어수선한가, 불필요한 것이 있는 게 아닌가 하는 문제의식을 가지고 점포 안을 유심히 바라보았다. 그 뒤로도 여러 가게를 시찰하면서 상품을 진열하는 바퀴 달린 왜건이 정말 필요한가를 고심하게 됐다. 그 결과, 오무라 사장은 왜건을 과감히 철거하고 대부분의 상품을 행거에 걸어 진열하기로 결정했다. 행거에 거는 편이 고객에게도 편리성이 높으며 종업원의 업무도 간소화되기 때문이다.

또한 니시마쓰야체인은 자주 고객과 소통하며 의견을 모으곤 하는데 이중에는 업계의 상식을 뒤엎는 놀라운 발상도 있었다. 음악이 흐르지 않는 조용한 곳에서 쇼핑을 하고 싶어 하는 고객도 의외로 많다는 것이었다. 고심 끝에 점내 음악BGM을 없앴는데, 실제 고객으로부터 불만이 완전히 없어졌다.

니스마쓰야체인은 고객의 요구에 100% 대응하는 게 아니라 80%의 고객이 만족할 수 있는 상품 구색이나 서비스를 목표로 하고 있다. 모든 고객의 요구에 대응하려고 하면 일이 무한대로 늘어나고, 업무 내용도 복잡해진다. 그만큼 인원을 더 배치해야 하고, 상품 수도 재고도 점점 늘어난다. 무엇보다도 업무가 복잡해지면, 체인스토어 이론의 핵심인 점포의 표준화와 단순화에 지장이 생긴다.

고객이 원하는 서비스가 무엇인지 생각하고, 그것을 실현하기 위해서 필요한 것을 충실하게 하고 불필요한 것을 없애면 된다. 이를 철저히 하면, 진정으로 고객이 원하는 매장이 된다. 즉 표준화와 단순화란 맹목적인 효율화를 지향하는 것과는 전혀 다르다.

ドン.キホーテ HLDGS

주식회사 돈키호테홀딩스

정글 같은 독창적인 진열 방식

도톤보리는 오사카 관광객들에게 최고의 관광코스인데, 그곳에 가면 여행선물을 마련하려고 꼭 들르는 곳이 있다. 바로 27년간 증수증익을 달성해온 디스카운트스토어 돈키호테다. 국내외에 341개 점포(2016년 4월)가 있는데, 한 점포당 1일 평균 방문 고객 수가 무려 2,449명이라고 한다. 또한 오키나와 현의 1점포 1일 매출은 무려 1,100만 엔이라고 한다.

돈키호테 점포에 들어가 보면, 가장 인기 있는 염가 상품이 굳이 잘 보이지 않고 눈도 가지 않는 선반 아래 같은 곳에 압축진열돼 고객이 보물찾기를 하는 듯 설레는 기분을 느끼도록 되어 있다. 평범한 쇼핑에 오락성이라는 부가가치를 더한 것이 특징이다. 압축진열 이외에도 앞의 선반을 낮게 만들어서 안쪽까지 보이게 하고 시선의 끝에 행사 상품을 놓아두었다. 가게 안의 진로를 곡선형으로 해 체류 시간을 늘리는 연구도 병행했다. 그 밖에 구매 연령대에 맞춰 선반의 높이를 조절하거나 아이와 함께 오는 경우를 생각해 아이들이 좋아하는 캐릭터 상품 코너도 두고 있다. 캐릭터 상품 코너는 여러 층에 나누어 배열했는데, 안겨 있던 아이가 캐릭터 상품을 발견했을 때 부모로부터 떨어져 자신이 좋아하는 캐릭터를 찾아 돌아다니도록 하기 위해서다. 이처럼 돈키호테는 기존 상식과 달리 상품 탐색을 다소 어렵게 하는 압축진열(정글진열) 방식을 통해 다른 유통 채널에서는 찾아볼 수 없는 자사만의 창조적 역발상을 추구하고 있다.

돈키호테는 왜 압축진열 방식을 선택했을까? 공급처에서 물건이 들어오자마자 그대로 진열하면 재고를 보관하기 위한 창고를 따로 둘 필요가 없기 때문이다. 그뿐 아니라 매장 내부 디스플레이에 신경을 쓰지 않으니 제품을 진열하고 관리하는 데 굳이 많은 인력을 투입하지 않아도 된다. 즉, 임대료를 비롯한 창고 운영비를 아껴 고객들에게 더욱 저렴한 가격으로 제품을 판매하기 위해서다. 나아가 복잡한 매장구조를 고수하는 이유는 다음과 같다. 원하는 물건을 찾기 위해 매장에 오래 머무를수록 주변의 다른 물건들이 눈에 들어오게 된다. 이는 매장 방문 고객당 매출을 높이는 중요한 요소다. 그리고 위에서 내려올 때 사용하는 하향 에스컬레이터가 가게 중앙에 배치돼 있다. 에스컬레이터 주변에 상품 선반이 있는 형태여서 에스컬레이터를 타고 내려가는 동안에도 상품을 볼 수 있다.

돈키호테의 창업주인 야스다 회장은 이렇게 말한다. "이러한 방식이 고객들이 보물찾기를 하듯 매장 안을 탐험하게 유도하고, 찾는 즐거움, 발견하는 즐거움, 고르는 즐거움을 느끼게 해준다. 즐거움은 돈키호테가 고객들에게 줄 수 있는 최고의 가치다."

소매업

중고품(책, CD 등)

부쿠오후코포레이션 주식회사

가장 단순한 논리로 효율성을 높이다

체인스토어 사업이 어렵다는 중고서점업계 최초로 부쿠오후가 체인점을 운영하는 데 성공했다. 1991년 창립했으며, 현재 직영점 389개, 프랜차이즈 가맹점 480개 등 무려 총 869개 점포(2016년 3월)를 거느리고 있다.

부쿠오후는 재활용품을 취급한다는 점에서 장단점이 있다. 장점은 재활용이기 때문에 사회적으로는 자원을 절약할 수 있고, 소비자는 싼 가격에 원하는 제품을 구매할 수 있다는 것이다. 하지만 단점으로는 기업의 이미지가 새것, 즉 깨끗한 것이 아니라는 인식이 있을 수 있다. 그 대책으로 부쿠오후는 교외에 편의점처럼 깨끗한 인테리어의 점포를 연출하는 것 외에, 타 서점과 다르게 그 자리에서 책을 읽을 수 있도록 비닐로 책 포장을 하지 않는다. 또, 책을 진열할 때 일정 기간을 정해서 그 기간을 초과한 책을 하나의 코너로 만들어 100엔에 판매한다.

하지만 무엇보다도 업계의 상식을 뒤집은 것은 중고 책의 구입 가격을 결정하는 방법이었다. 부쿠오후는 창업 이래 중고 책이 얼마나 깨끗한지, 즉 책의 상태만으로 구입 가격과 판매 가격을 결정한다. 이 방법은 생각보다 단순하다. 업계의 상식이었던 저자, 책 내용, 역사, 판매량을 완전히 무시한다. 예를 들어 만약 깨끗한 책이면 A급으로 100엔, 좀 파손된 책이면 C급으로 50엔에 구매하는 것이다. 일본에서 그간 헌책방이 체인 사업을 할 수 없었던 가장 큰 원인은 중고 책의 가치를 사정하는 전문 직원의 교육에 돈과 시간이 너무 많이 투자되어야 한다는 점이었다.

부쿠오후의 방식은 당시 중고 서점주나 헌책방 애호가에게는 너무나 받아들이기 힘든 것이었다. 그러나 마니아가 아닌 일반 고객에게는 아무런 문제가 되지 않았다. 오히려 다 읽어서 가지고 있을 필요가 없는 책을 헐값에라도 사주기를, 하다못해 10엔에라도 사주길 바랐다. 이 방식은 점포 운영에서도 효율을 발휘했다. 베테랑 점원이 1,000권 가까운 책을 한 권 한 권 사정하는 것은 정말로 시간과 비용이 많이 드는 고된 작업이었다. 당연히 신출내기 신입사원에게는 불가능한 일이었다. 하지만 눈에 보이는 상태만으로 판단하므로 베테랑과 신입사원이 함께 작업할 수 있었고, 1,000권이라도 재빨리 끝낼 수 있었다. 이 방식은 인건비를 줄여주는 동시에, 인재육성의 효율화까지 가져와 한순간에 폭발적으로 전국 진출을 가능케 했다. 소비자는 상상 이상으로 자기가 가진 중고 책을 저렴하게 파는 것에 저항감이 없었고, 헌책이라도 좋으니 싼 가격에 책을 사보고 싶다는 사람들이 많았던 것이다.

소매업

홈센터

주식회사 코메리

시골과 농촌만을 공략하는 홈센터

코메리는 독자적인 업태인 하드앤그린[H&G: Hard & Green]을 개발해 홈센터업계의 편의점으로 불릴 만큼 편의성을 강조한다. Hard & Green의 'Hard'는 Do-It-Yourself[DIY]를 의미하며 'Green'은 원예품을 의미한다. 생필품뿐만 아니라 인테리어에 필요한 조립용구와 가구, 정원을 꾸미는 데 필요한 각종 원예도구와 식물 등을 판매한다. 코메리는 버블경제가 붕괴한 1991년 당시에는 겨우 100개 점포에 불과했다. 그 후 매년 지속적인 성장을 거듭하면서 2010년에는 10배가 넘는 1,000개 점포를 달성했다. 지금은 오키나와 현을 제외한 전국에서 1,183개 점포(2016년 3월)를 운영하는 업계 3위 기업이 됐다.

그들이 도약하리라곤 누구도 상상하지 못했는데, 그들의 성장 전략을 보면 이유를 알 만하다. 출점 전략이 고정관념에서 상당히 벗어나 있기 때문이다. 코메리는 도시가 아닌 교외, 또는 인구 1만 명이 안 되는 작은 농촌에서 점포를 운영한다. 소매업은 장소를 파는 장사라고도 말한다. 그만큼 상권이 좋은 입지가 절대적인 요소라는 뜻이다. 객단가가 낮고 고객 수가 적은 지역상권에는 수지가 맞지 않는다는 고정관념이 팽배한 이유다. 대박을 터뜨리고 싶어 하는 소매 기업이 이런 곳에 출점하는 것은 자살행위에 가깝다고 볼 수 있다. 하지만 코메리는 이러한 지역에서 틈새시장의 기회를 찾았고, 홈센터업계 중에서도 작은 규모인 1,000제곱미터짜리 점포를 집중적으로 오픈하고 있다. 원예 · 농업용품이나 공구 등을 특화한 지역밀착형 소형 홈센터라는 이미지를 구축해나가기 위해서다.

원래 농촌 지역은 JA(일본농업협동조합)가 시장에서 우월한 지위를 선점하고 있었다. 그러나 방대해진 조직과 그에 따른 비효율적 경영으로 농촌 주민들의 요구를 만족시킬 수 없게 됐다. 게다가 도심부로 인구가 이동하면서 농촌부는 점점 상업의 공백지대로 변해갔다. 코메리는 이러한 사회적 변화와 문제점 속에서 누구보다도 먼저 비즈니스의 기회를 알아챈 것이다.

보통 개인 상점이 쇠퇴하는 이유 중 하나가 소비자는 매장에서 생필품만을 원한다는 고정관념 때문이다. 사람들은 대체로 새로운 상품을 발견하는 즐거움과 매장 안을 천천히 구경하면서 호기심을 유발하는 순간을 원한다. 코메리는 이렇게 보이지 않는 고객의 니즈를 철저히 이해하려고 노력한다.

사사게 회장은 "코메리는 남(경쟁사)을 흉내 내지 않고 고객의 소리에 귀 기울인 덕분에 차별화된 하드앤그린 업태를 만들 수 있었다"라고 말했다.

또한 업계 관계자들은 "코메리는 농촌 지역 소비자들의 농업·원예 상품 관련 니즈를 충족해줬다. 비록 작은 규모의 매장일지라도 그들에게 쇼핑하는 즐거움과 편의성을 선사했다"며 "이것이 코메리의 성공 비결"이라고 입을 모은다.

소매업

편의점

LAWSON

주식회사 로손

타깃에 따라 업태를 바꾸다

로손은 편의점이기 때문에 아무리 장기 불황이더라도 기본적인 가격대가 크게 부담스럽지 않아 소비자들이 쉽게 접근할 수 있다. 하지만 고객이 기존의 표준화된 편의점에서 구할 수 없는 것을 원한다면 체인점의 형태를 바꾸는 것도 마다하지 않는 기업이 로손이다.

로손 점포의 대표적인 종류로 세 가지가 있다. 가장 많이 볼 수 있는 일반적인 '로손', 신선 식품도 취급하며 100엔 숍의 성격을 띠는 '로손 스토어 100', 그리고 여성 소비자를 타깃으로 하여 저칼로리 도시락, 유기농식품, 갓 구운 빵 등을 취급하는 '내추럴 로손'이다. 심지어 로손은 오타쿠 편의점으로 유명할 만큼 각종 만화 캐릭터와 연계해 콜라보 행사를 열기도 한다.

고령자에 대한 전략도 독특한데 고령층 타깃의 전략 내용은 다음과 같다. 일본에서는 45세까지가 총 고객의 80%를 차지하며 50~65세 고객이 11%다. 기존 업체들은 이러한 사실을 바탕으로 45

세 미만의 고객에게 집중했다. 하지만 로손은 실제 경제력과 구매력이 높은 50~65세 연령과 고령층으로 고객을 확대해야 한다고 판단했다. 노인 인구와 1인 가구가 늘어나 나카쇼쿠(기업이 미리 조리해 판매하는 음식을 고객이 구입해 가정에서 먹는 형태) 시장이 커지고 있는 점에 착안해 고령 인구를 타깃으로 나카쇼쿠 제품을 개발하고 있다. 또한 노인들의 최대 관심사인 '건강'에 초점을 맞춘 서비스를 제공하기 위해 약국과 제휴하는 드럭스토어식 점포나 건강관리업체 '위즈넷'과 연계한 점포를 오픈했다. 편의점 안에 노인들을 위한 상담 창구가 설치돼 있어 멀리 떨어진 구청이나 보건소를 방문하지 않아도 된다. 또한 성인용 기저귀나 노인들이 선호하는 음식, 과자 등도 특별히 갖춰져 있다.

한편 로손은 일본 내 각 지방에 따라 문화나 풍토가 완전히 다르다는 점에 착안해 기존의 방식으로 각 지점에 동일한 상품과 서비스를 제공하기보다는 각각의 도시에 맞는 포맷을 살려 지역에 따라 모습을 바꾸는 편의점 체인을 출점하고 있다.

소매업

편의점

주식회사 훼미리마트

타 업종과의 제휴로 새로운 시장 개척

あなたと、コンビに、
FamilyMart

일본 국민에게 편의점은 각 가정의 냉장고 대용으로 쓰인다고 할 만큼 매일 방문하는 고객들을 흔히 볼 수 있다. 그리고 가라오케는 가장 친밀한 오락 중 하나인데, 최근에는 1인 전용 가라오케가 폭발적인 인기를 끌며 평일 대낮에도 시간을 쪼개 찾는 손님이 있을 정도다.

저자는 학교에서 강의를 하면서 이 두 가지를 사례로 어떤 비즈니스 기회를 떠올리는지 물어본 적이 있다. 한 학생이 "두 점포를 하나로 합치면 안 되나요?"라고 대뜸 말했다. 주위의 몇몇 학생은 생각지 못한 친구의 답변에 웃음을 터뜨렸다. 하지만 그 엉뚱한 답변은 적어도 훼미리마트에서는 100점짜리 답이다.

2014년 8월 훼미리마트는 가라오케 최대 기업인 다이이치코오쇼와 편의점 · 가라오케 일체형 점포를 오픈했는데, 그 인기는 기대 이상이다. 운영 주체는 다이이치코오쇼로 훼미리마트의 가맹점 계약으로 돼 있다. 점포 안으로 들어가면 왼쪽은 편의점이고 오른쪽

통로로 가면 가라오케가 있다. 일본의 가라오케에서는 알코올과 청량음료 및 각종 안주를 판매할 뿐만 아니라 볶음밥에 파스타 등의 각종 식사까지 주방에서 만들어서 제공한다. 하지만 이 일체형 점포의 가라오케에는 주방을 둘 필요가 없다. 가라오케 손님을 위한 맛있는 음식과 음료들이 훼미리마트 진열대에서 기다리고 있기 때문이다. 집객 효과는 두말하면 잔소리다. 훼미리마트는 덤으로 음료 및 식품의 매출액이 증가했고, 다이이치코오쇼는 주방을 운영하지 않아도 되니 효율성이라는 이득을 보고 있다.

훼미리마트는 이전부터 제휴하고 있던 긴키일본철도, ACOOP이라는 슈퍼마켓을 운영하는 전국농업협동조합연합회, 간사이 최대 슈퍼마켓 이즈미야를 비롯하여 요코하마 시영지하철, 레스토랑 마이도오키니, 복수의 드럭스토어 및 조제약국, 음식점 등 이종업종과의 업무 제휴에 올인하고 있다. 2019년에는 3,000개 점포 이상을 이종 업종들이 제휴한 일체화 점포로 만들 예정이다.

훼미리마트는 이 같은 제휴를 적극 채용하여, 소매 업태 간 경쟁의 벽이 무너지고 있는 상황에서 잠재적 경쟁자들과의 파트너십을 통한 동반 성장의 길도 모색하고 있다는 평가다. 하지만 무엇보다도 타 업종에서 강한 기업들의 경쟁력을 빌려 훼미리마트의 약점을 메울 수 있게 돼 다른 편의점 회사와의 차별화와 새로운 시장 개척이라는 두 마리 토끼를 잡고 있다.

소매업

의류 온라인쇼핑몰

START TODAY CO.,LTD.

주식회사 스타트토데이

고객이 고객에게 프로모션하다

특히나 일본 소비자들은 직접 만져보지 않고는 구매하지 않는 성향을 지녔다고 흔히 말한다. 사실 그런 성향은 전 세계 어느 나라 사람이든 마찬가지일 것이다. 실제로 보거나 만져보지 않고 인터넷으로 구매해 배송을 받았을 때 실망했던 경험이 누구에게나 한 번쯤은 있을 것이다.

소비자의 이러한 인터넷 구매에 대한 불안감은 스타트토데이로서도 골치 아픈 문제였다. 스타트토데이는 일본 최대 의류 온라인 쇼핑 사이트 'ZOZOTOWN'을 운영하는 기업이다. 그들은 기업이 고객에게 일방적으로 밀어내는 기존 프로모션 방식이 아니라, 고객이 고객에게 커뮤니케이션하는 패션코디 웹사이트 'WEAR(wear.jp)'라는 아이디어를 해결책으로 꺼내 들었다. 2013년 10월 앱 서비스 개시로부터 4개월 만에 100만 다운로드를 달성하고, 2015년 4월 기준 500만 다운로드를 돌파할 정도로 엄청난 인기를 얻고 있다.

WEAR 사이트에 들어가 보면, 고객들이 매일 직접 코디하거나 시험 착용한 제품의 사진이 업로드되어 있다. 상품마다 제품 정보가 태그돼 있어 상세 정보를 알 수 있다. 모델이나 유명인들도 대거 활동 중이며 마음에 드는 상품은 태그로 조회해 ZOZOTOWN을 통해 구입할 수 있다. 코디는 남녀별, 순위별로 분류돼 있으며 다른 SNS 소셜미디어로도 공유할 수 있어 폭넓은 프로모션 효과를 얻을 수 있다. 무엇보다, 직접적인 프로모션이 고객으로부터 고객에게 행해진다는 점이 돋보인다.

WEAR 서비스는 기업 내부적으로 보면 CFM Customer Friendship Management 전략의 연장선으로 볼 수 있다. CFM이란 '고객과 친구 같은 관계를 만드는 것'이라는 의미다. 스타토토데이의 마케팅 총괄 담당자는 CFM의 핵심으로서 "개개인에게 맞춘 ZOZO 특유의 세심한 배려"를 꼽았다. 고객에게 개개의 취향을 전달할 수 있는 공간을 제공하고, 취향에 맞는 제품을 추천해주는 친구 같은 존재로 다가가며, 타인과 패션 및 코디에 대해서 논의하고 구경할 수 있도록 연결해준다. 이제 기업은 상품 하나 더 판매하고자 하는 상업성이 아니라 고객에 대한 진정성을 어떻게 전달할지에 집중해야 한다.

제조업

의료용품

주식회사 호기메디카루

확인 또 확인하는 것이 가장 빠른 길이라는 역설

의료계에서 '멧킨바쿠'를 모르면 간첩이라고 한다. 호기메디카루가 1964년에 개발한 멧킨바쿠는 의료용 살균과 소독을 위해 개발한 멸균 저장 백이다. 이 제품은 멸균 백의 대명사가 될 만큼 오랜 세월 명성을 유지해왔으며, 지금도 여전히 시장점유율 80% 이상을 차지하고 있다. 그에 힘입어 호기메디카루는 30년 이상 매출액 증대를 달성하고 있다. 제품과 기업이 그토록 오랜 세월 명실상부한 지위를 유지하는 데에는 속도보다 정확함을 더욱 높게 쳐주는 호기 사장의 독특한 신념이 한몫했다.

더블 입력은 호기 사장이 직접 고안한 기법이다. 물류와 회계 처리에 처음 컴퓨터를 도입했을 때, 어쩐 일인지 정확한 숫자가 나오지 않고 매번 달랐다. 호기 사장 자신도 실제로 입력하고 체크해보았지만 어이없게도 실수가 끊이지 않았다. 그러한 문제점에 착안하여 고안한 것이 더블 입력이다. 구체적으로 설명하면, 두 직원이 똑같은 데이터를 각자 따로 입력하는데 두 숫자가 일치한 경우에만 시스템으로 흐른다는 구조다. 만약 일치하지 않는다면 처음부터 다시 입력해야 해서 문제가 발생하지 않도록 설정돼 있다.

하지만 이러한 입력 방식은 일손이 늘어나기 때문에 사내에서 반발도 심했다고 한다. 그래서 초기에는 1개월만 도입해보자고 제안했다. 하지만 거듭된 확인으로도 맞지 않던 재고 데이터가 딱 일치한 것이다. 언뜻 보면 효율이 낮으며 많은 시간이 걸릴 것처럼 여겨지는 단순한 방법일지 모른다. 하지만 정확성을 우선으로 하는 것이 결국 속도를 빠르게 하는 일임을 새삼 알게 됐다고 한다. 더블 입력의 도입이 현재 자사 현황 및 건강 상태를 즉각 판단할 수 있는 새로운 체크 방법이나 시책을 생각할 수 있는 근원이 되었다고 한다. 아무리 시간이 걸려도 아랑곳하지 않고 완벽에 가까운 정확함을 중시하는 꼼꼼한 일본인다운 경영이라고 볼 수 있다.

부록

불사조 기업 LIST

자료 : S&P캐피털IQ, 도쿄증권거래소 전자공시, 각사 홈페이지

주식회사 마쓰모토키요시홀딩스 177

업종 및 업태	소매업(드럭스토어)
대표자	대표이사 회장 나리타 카즈오
본사소재지	치바켄 마쓰도시 신마쓰도히가시 9-1
설립일	1954년 1월(창업일: 1932년 12월)
자본금	22,051백만 엔
매출액	536,052백만 엔(2016년 3월, 연결결산)
영업이익	27,418백만 엔(2016년 3월)
점포수	777개(2016년 3월)
종업원수	정규직 6,262명, 비정규직 8,321(2016년 3월)
홈페이지	www.matsumotokiyoshi-hd.co.jp

부쿠오후코포레이션 주식회사 246

업종 및 업태	소매업(중고품)
대표자	대표이사 사장 마쓰시타 노부유키
본사소재지	가나가와켄 사가미하라시 미나미쿠 코부치 2-14-20
설립일	1991년 8월 1일
자본금	3,652백만 엔
매출액	65,930백만 엔(2016년 3월, 개별결산)
경상이익	208백만 엔(2016년 3월)
점포수	직영점 389개, 프랜차이즈 가맹점 480개, 합계 869개(2016년 3월)
종업원수	정규직 1,156명(정사원), 비정규직 11,448명(2016년 3월)
홈페이지	www.bookoff.co.jp

주식회사 니토리홀딩스 121

업종 및 업태 | 소매업(생활잡화·가구)

대표자 | 대표이사 회장 니토리 아키오

본사소재지 | 도쿄토 기타구 카미야 3-6-20 홋카이도 삿뽀리시 기타쿠 신코토니 7죠 1-2

설립일 | 1972년 3월(창립일: 1967년 12월)

자본금 | 13,370백만 엔

매출액 | 458,140백만 엔(2016년 2월, 연결결산)

영업이익 | 73,039백만 엔(2016년 2월)

점포수 | 국내 383개, 해외 37개, 합계 420개(2016년 2월)

종업원수 | 정규직 9,699명, 비정규직 11,060명(2016년 2월)

홈페이지 | www.nitorihd.co.jp

주식회사 한즈만 109, 201

업종 및 업태 | 소매업(홈센터)

대표자 | 대표이사 사장 오조노 세이지

본사소재지 | 미야자키켄 미야코노죠시 요시오쵸 2080

설립일 | 1964년(창립일: 1914년)

자본금 | 1,057백만 엔

매출액 | 31,126백만 엔(2016년 6월, 개별결산)

영업이익 | 2,105백만 엔(2016년 6월)

점포수 | 11개(2016년 6월)

종업원수 | 정규직 198명, 그 외 지역한정 정사원 및 비정규직 927명(2016년 6월)

홈페이지 | www.handsman.co.jp

주식회사 시마무라 165, 203

업종 및 업태	소매업(의류 전문점)
대표자	대표이사 사장 노나카 마사토
본사소재지	사이타마켄 사이타마시 기타구 미야 하라쵸 2-19-4
설립일	1953년 5월
자본금	17,086백만 엔
매출액	540,216백만 엔(2016년 2월, 개별결산)
영업이익	40,466백만 엔(2016년 2월)
점포수	1,365개(2016년 2월)
종업원수	정규직 2,430명, 비정규직 11,801(2016년 2월)
홈페이지	www.shimamura.gr.jp

아리아케자판 주식회사 140

업종 및 업태	제조업(조미료, 식품 진액)
대표자	대표이사 사장 타가와 도모키
본사소재지	도쿄토 시부야쿠 에비스미나미 3-2-17
설립일	1966년 6월
자본금	7,095백만 엔
매출액	34,479백만 엔(2016년 3월, 개별결산)
영업이익	6,669백만 엔(2016년 3월)
종업원수	435명(2016년 8월)
홈페이지	www.ariakejapan.com

주식회사 라쿠텐 118

업종 및 업태	서비스업(온라인 서비스, 인터넷 금융)
대표자	대표이사 회장 겸 사장 미키타니 히로시
본사소재지	도쿄토 세타가야쿠 타마가와 1-14-1
설립일	1997년 2월
자본금	203,587백만 엔
매출액	305,437백만 엔(2016년 12월, 개별결산)
영업이익	47,087백만 엔(2016년 12월)
종업원수	5,138명(2016년 12월)
홈페이지	corp.rakuten.co.jp

주식회사 에스케카켕 151

업종 및 업태	제조업(건축용 도료·자재)
대표자	대표이사 사장 후지이 미노루
본사소재지	오사카후 이바라키시 나카호즈미 3-5-25
설립일	1958년 4월
자본금	2,662백만 엔
매출액	76,633백만 엔(2016년 3월, 개별결산)
영업이익	10,689백만 엔(2016년 3월)
종업원수	2,176명(2016년 3월, 연결결산)
홈페이지	www.sk-kaken.co.jp

주식회사 돈키호테홀딩스 244

업종 및 업태	소매업(디스카운트스토어)
대표자	대표이사 사장 오하라 코지
본사소재지	도쿄토 메구로쿠 아오바다이 2-19-10
설립일	1980년 9월
자본금	22,227백만 엔
매출액	759,592백만 엔(2016년 6월, 연결결산)
영업이익	43,185백만 엔(2016년 6월)
점포수	280개(2016년 11월)
종업원수	6,857명(2016년 6월)
홈페이지	www.donki-hd.co.jp

주식회사 야마야 130, 212

업종 및 업태	소매업(주류)
대표자	대표이사 회장 야마우치 히데후사
본사소재지	미야기켄 센다이시 미야기노쿠 츠츠지가오카 3-4-1
설립일	1970년 11월(창업일: 1952년)
자본금	3,247백만 엔
매출액	1,693억 엔(2016년 3월, 연결결산)
영업이익	6,553백만 엔(2016년 3월)
점포수	1,072개(2017년 3월)
종업원수	7,505명(2017년 3월)
홈페이지	http://www.yamaya.jp

주식회사 와쿠만 216

업종 및 업태	소매업(작업용 의류·용품 전문점)
대표자	대표이사 사장 쓰치야 요시오
본사소재지	군마켄 이세사키시 시바마치 1732
설립일	1982년 8월
자본금	1,622백만 엔
매출액	49,577백만 엔(2016년 3월, 개별결산)
영업이익	8,807백만 엔(2016년 3월)
점포수	766개(2016년 3월)
종업원수	227명(2016년 3월)
홈페이지	www.workman.co.jp

주식회사 다이쇼 132

업종 및 업태	제조업(조미료)
대표자	대표이사 회장 마쓰모토 요스케
본사소재지	도쿄토 스미다쿠 카메자와 1-17-3 후쿠오카켄 후쿠오카시 히가시쿠 마쓰다 1-11-17
창립일	1966년 12월
자본금	870백만 엔
매출액	18,913백만 엔(2016년 3월, 개별결산)
영업이익	411백만 엔(2016년 3월)
종업원수	633명(2016년 3월)
홈페이지	www.daisho.co.jp

주식회사 로쿠피루도 238

업종 및 업태	제조업(즉석조리식품 제조·판매)
대표자	대표이사 사장 이와타 코조
본사소재지	효고켄 고베시 히가시나다쿠 우오자키하마마치 15
설립일	1972년 6월
자본금	5,544백만 엔
매출액	49,935백만 엔(2016년 4월, 연결결산)
영업이익	2,548백만 엔(2016년 4월)
점포수	326점포(2016년 4월)
종업원수	1,505명(2016년 4월)
홈페이지	www.rockfield.co.jp

로토세야쿠 주식회사 232

업종 및 업태	제조업(의약품·화장품·기능성식품)
대표자	대표이사 회장 야마다 쿠니오
본사소재지	오사카후 이쿠노쿠 타츠미니시 1-8-1
설립일	1949년 9월(창업일: 1899년 2월)
자본금	6,411백만 엔
매출액	167,016백만 엔(2016년 3월, 연결결산)
영업이익	10,695백만 엔(2016년 3월)
종업원수	6,642명(2016년 3월)
홈페이지	www.rohto.co.jp

미니스톱 주식회사 137

업종 및 업태	소매업(편의점)
대표자	대표이사 사장 미야우치 나오유키
본사소재지	치바켄 치바시 미하마쿠 나카세 1-5-1
설립일	1980년 5월
자본금	7,419백만 엔
매출액	336,332백만 엔(2016년 2월, 체인 전점 연결결산)
영업이익	2,646백만 엔(2016년 2월)
점포수	국내 2,241개, 해외 2,970개, 합계 5,211개(2016년 11월)
종업원수	891명(2016년 2월, 국내)
홈페이지	www.ministop.co.jp

주식회사 모노타로 179

업종 및 업태	소매업(온라인쇼핑몰)
대표자	대표이사 사장 스즈키 마사야
본사소재지	효고켄 아마가사키시 타케야쵸우 2-183
설립일	2000년 10월
자본금	1,892백만 엔
매출액	67,105백만 엔(2016년 12월, 개별결산)
영업이익	9,782백만 엔(2016년 12월)
종업원수	정규직 338명, 비정규직 973명(2016년 12월, 연결결산)
홈페이지	www.monotaro.com

토란코무 주식회사 159

업종 및 업태	물류업(창고·운수)
대표자	대표이사 회장 시미즈 마사히사
본사소재지	아치켄 나고야시 히가시쿠 아오이 1-19-30
설립일	1959년 6월
자본금	1,080백만 엔
매출액	106,815백만 엔(2016년 3월, 개별결산)
영업이익	5,165백만 엔(2016년 3월)
물류거점	물류센터 6곳, 물류정보서비스센터 31곳, 해외 4곳
종업원수	6,329명(2016년 3월)
홈페이지	www.trancom.co.jp

주식회사 고베붓산 174

업종 및 업태	소매업(업무용 슈퍼마켓)
대표자	대표이사 사장 누마타 히로카즈
본사소재지	효고켄 카고군 이나미쵸 나카이시키 883
설립일	1985년 11월
자본금	64백만 엔
매출액	239,266백만 엔(2016년 10월, 연결결산)
영업이익	11,833백만 엔(2016년 10월)
점포수	747개(2016년 10월)
종업원수	정규직 2,049명, 비정규직 3,235(2016년 12월)
홈페이지	www.kobebussan.co.jp

주식회사 이토엔 163, 220

업종 및 업태 | 제조업(음료)

대표자 | 대표이사 사장 혼조 다이스케

본사소재지 | 도쿄토 시부야구 혼마치 3-47-10

설립일 | 1966년 8월

자본금 | 19,912백만 엔

매출액 | 365,276백만 엔(2016년 3월, 개별결산)

영업이익 | 11,934백만 엔(2016년 3월)

종업원수 | 5,340명

홈페이지 | www.itoen.co.jp

주식회사 케즈홀딩스 240

업종 및 업태 | 소매업(가전양판점)

대표자 | 대표이사 사장 엔도 히로유키

본사소재지 | 이바라키켄 미토시 사쿠라가와 1-1-1

창립일 | 1947년 3월

자본금 | 12,987백만 엔

매출액 | 531,923백만 엔(2016년 3월, 개별결산)

영업이익 | 13,233백만 엔(2016년 3월)

점포수 | 직영점 472개, 프랜차이즈 가맹점 4개, 합계 476개(2016년 9월)

종업원수 | 2,101명(2016년 3월)

홈페이지 | www.ksdenki.co.jp

소고메디카루 주식회사 182

업종 및 업태 | 소매업(의료경영컨설팅, 조제약국)

대표자 | 대표이사 사장 마쓰모토 켄지

본사소재지 | 후쿠오카켄 후쿠오카시 추오쿠 텐진 2-14-8

설립일 | 1978년 6월 12일

자본금 | 3,513백만 엔

매출액 | 94,078백만 엔(2016년 3월, 개별결산)

영업이익 | 4,692백만 엔(2016년 3월)

점포수 | 538개(2016년 3월)

종업원수 | 2,400명(2016년 3월)

홈페이지 | www.sogo-medical.co.jp

주식회사 하로데이 135, 195

업종 및 업태 | 소매업(슈퍼마켓)

대표자 | 대표이사 사장 카지 노리유키

본사소재지 | 후쿠오카켄 기타규슈시 코쿠라미나쿠 토쿠리키 3-6-16

창립일 | 1971년

자본금 | 100백만 엔

매출액 | 70,857백만 엔(2016년 3월, 연결결산)

영업이익 | 비공개

점포수 | 48개(2016년 12월)

종업원수 | 정규직 877명, 비정규직 2,190명(2016년 3월)

홈페이지 | www.halloday.co.jp

주식회사 코스모스야쿠힝 143

업종 및 업태 | 소매업(드럭스토어)
대표자 | 대표이사 사장 우노 마사테루
본사소재지 | 후쿠오카켄 후쿠오카시 하카타쿠 하카타에키 히가시 2-10-1
설립일 | 1983년 12월
자본금 | 4,178백만 엔
매출액 | 447,271백만 엔(2016년 5월, 개별결산)
영업이익 | 18,626백만 엔(2016년 5월)
점포수 | 775개(2016년 11월)
종업원수 | 정규직 3,106명, 비정규직 9,586명(2016년 5월)
홈페이지 | www.cosmospc.co.jp

주식회사 호기메디카루 257

업종 및 업태 | 제조업(의료용품)
대표자 | 대표이사 사장 호기 준이치
본사소재지 | 도쿄토 미나토쿠 아카사카2-7-7
설립일 | 1961년 4월
자본금 | 7,123백만 엔
매출액 | 36,320백만 엔(2016년 3월, 개별결산)
영업이익 | 7,729백만 엔(2016년 3월)
종업원 수명 | 779명(2016년 3월)
홈페이지 | www.hogy.co.jp

주식회사 스타토토데이 207, 255

업종 및 업태 | 소매업(의류 온라인쇼핑몰)
대표자 | 대표이사 사장 마에자와 유사쿠
본사소재지 | 치바켄 치바시 미하마쿠 나카세 2-6
설립일 | 1998년 5월
자본금 | 1,359백만 엔
매출액 | 47,110백만 엔(2016년 3월, 개별결산)
영업이익 | 18,9690백만 엔(2016년 3월)
종업원수 | 정규직 448명, 비정규직 635명(2016년 3월)
홈페이지 | www.starttoday.jp

메디카루케아사비스 주식회사 186, 214

업종 및 업태 | 서비스업(노인 대상 유료 토털 서비스)
대표자 | 대표이사 사장 타카하시 세이치
본사소재지 | 사이타마켄 사이타마시 오오미야쿠 오오나리쵸 1-212-3
창립일 | 1999년 11월
자본금 | 100백만 엔
매출액 | 24,194백만 엔(2015년 8월, 연결결산)
영업이익 | 비공개
사업소 수 | 274동, 8사무소(2017년 1월)
종업원수 | 5,436명(2017년 1월)
홈페이지 | www.mcsg.co.jp

주식회사 산에 168

업종 및 업태 | 소매업(슈퍼마켓)

대표자 | 대표이사 회장 오리타 쇼지

본사소재지 | 오키나와켄 기노완시 오오야마 7-2-10

설립일 | 1970년 5월

자본금 | 3,723백만 엔

매출액 | 168,218백만 엔(2016년 2월, 개별결산)

영업이익 | 12,881백만 엔(2016년 2월)

점포수 | 66개(2016년 2월)

종업원수 | 정규직 1,244명, 비정규직 5,651명(2016년 2월)

홈페이지 | www.san-a.co.jp

주식회사 하마쿄우렉쿠스 197

업종 및 업태 | 물류업(육상운송)

대표자 | 대표이사 사장 오스카 히데노리

본사소재지 | 시즈오카켄 하마마츠시 미나미쿠 테라와키쵸 1701-1

설립일 | 1971년 2월

자본금 | 6,947백만 엔

매출액 | 39,340백만 엔(2016년 3월, 개별결산)

영업이익 | 4,414백만 엔(2016년 3월)

물류센터 | 자사 27곳, 임대 60곳, 합계 87곳(2016년 3월)

종업원수 | 정규직 708명, 임시고용자 4,427명(2016년 3월)

홈페이지 | www.hamakyorex.co.jp

주식회사 도토루코히 188

업종 및 업태	서비스업(음식점·커피숍)
대표자	대표이사 사장 토리바 유타카
본사소재지	도쿄토 시부야쿠 진난 1-10-1
설립일	1962년 4월
자본금	11,141백만 엔
매출액*	124,796백만 엔(2016년 2월, 연결결산)
영업이익*	9,466백만 엔(2016년 2월)
점포수	국내 1,344개, 해외 7개, 합계 1,351개(2017년 1월)
종업원수	정규직 874명(2016년 2월)
홈페이지	www.doutor.co.jp

* 도토루코히는 2007년 니혼레스토랑시스테무주식회사와 합병했기 때문에 자체 실적은 공개하지 않는다. 여기 제시된 매출액과 영업이익은 모회사인 주식회사 도토루 · 니치레스홀딩스의 실적이다.

주식회사 밀본 227

업종 및 업태	제조업(업무용 모발제품)
대표자	대표이사 사장 사토 류지
본사소재지	오사카후 오사카시 도지마쿠 젠겡지쵸 2-3-35
설립일	1960년 7월
자본금	2,000백만 엔
매출액	291,34백만 엔(2016년 12월, 연결결산)
영업이익	51,13백만 엔(2016년 12월)
종업원수	775명(2016년 12월)
홈페이지	www.milbon.co.jp

주식회사 로손 251

업종 및 업태	소매업(편의점)
대표자	대표이사 회장 타마쓰카 겐이치
본사소재지	도쿄토 시나가와쿠 오오사키 1-11-2
설립일	1975년 4월
자본금	5,856백만 엔
매출액	2,049,554백만 엔(2016년 2월, 체인 전점 연결결산)
영업이익	72,541백만 엔(2016년 2월)
점포수	국내 12,395개, 해외 758개, 합계 13,153개(2016년 2월)
종업원수	4,590명(2016년 2월, 국내편의점 사업)
홈페이지	www.lawson.co.jp

주식회사 유나이텟도아로즈 199

업종 및 업태	소매업(의류)
대표자	대표이사 사장 타케다 미쓰히로
본사소재지	도쿄토 시부야쿠 진구마에 2-31-12
설립일	1989년 10월
자본금	3,030백만 엔
매출액	140,919백만 엔(2016년 3월, 연결결산)
영업이익	11,071백만 엔(2016년 3월)
점포수	246개(2016년 10월)
종업원수	3,706명(2016년 3월)
홈페이지	www.united-arrows.co.jp

주식회사 세븐일레븐재팬 128

업종 및 업태	소매업(편의점)
대표자	대표이사 사장 후루야 카즈키
본사소재지	도쿄토 치요다쿠 2-8-8
창립일	1973년 11월
자본금	17,200백만 엔
매출액	4,291,067백만 엔(2016년 2월, 체인 전점 연결결산)
영업이익	235,033백만 엔(2016년 2월)
점포수	국내 19,045개, 해외 41,650개, 합계 60,695개(2016년 9월)
종업원수	6,490명(2016년 2월, 국내)
홈페이지	www.sej.co.jp

주식회사 바로홀딩스 224

업종 및 업태	소매업(슈퍼마켓)
대표자	대표이사 회장 겸 사장 타시로 마사미
본사소재지	기후켄 타지미시 오하리쵸 611-1
설립일	1958년 7월
자본금	11,916백만 엔
매출액	497,463백만 엔(2016년 3월, 연결결산)
영업이익	10,695백만 엔(2016년 3월)
점포수	724개(2016년 9월)
종업원수	정규직 5,509명, 비정규직 16,252명(2016년 9월)
홈페이지	www.valorholdings.co.jp

주식회사 키치리 230

업종 및 업태 | 서비스업(요식업)

대표자 | 대표이사 사장 히라카와 마사노리

본사소재지 | 도쿄토 시부야쿠 시부야 1-17-2 오사카후 추오쿠 아즈치쵸 3-13

설립일 | 1998년 7월

자본금 | 381백만 엔

매출액 | 8,031백만 엔(2016년 6월, 개별결산)

영업이익 | 423백만 엔(2016년 6월)

점포수 | 85개(2016년 6월)

종업원수 | 2,108명(2016년 6월, 비정규직 포함)

홈페이지 | www.kichiri.co.jp

주식회사 토레자파쿠토리 205

업종 및 업태 | 소매업(중고품)

대표자 | 대표이사 사장 노사카 에고

본사소재지 | 도쿄토 치요다쿠 칸다네리베이쵸 3

창립일 | 1995년 5월

자본금 | 369백만 엔

매출액 | 12,216백만 엔(2016년 2월, 개별결산)

영업이익 | 1,086백만 엔(2016년 2월)

점포수 | 91개(2016년 2월)

종업원수 | 정규직 454명, 비정규직 535명(2016년 2월)

홈페이지 | www.treasurefactory.co.jp

주식회사 쿠라코포레이션 112, 218

업종 및 업태	소매업(100엔 스시)
대표자	대표이사 사장 다나카 쿠니히코
본사소재지	오사카후 사카이시 나카쿠 후카사카 1-2-2
설립일	1995년 11월(창립일: 1977년 5월)
자본금	2,005백만 엔
매출액	110,949백만 엔(2016년 10월, 개별결산)
경상이익	6,802백만 엔(2016년 10월)
점포수	385개(2016년 10월)
종업원수	정규직 1,170명, 비정규직 11,489명(2016년 10월)
홈페이지	www.kura-corpo.co.jp

주식회사 사카이힛코시센타 146

업종 및 업태	물류업(이삿짐센터)
대표자	대표이사 사장 타지마 테쓰야스
본사소재지	오사카후 사카이시 사카이쿠 이시즈기타마치 56
설립일	1979년 9월
자본금	4,726백만 엔
매출액	70,809백만 엔(2016년 3월, 개별결산)
영업이익	6,511백만 엔(2016년 3월)
영업거점	180곳(2016년 3월)
종업원수	정규직 5,379명, 비정규직 5,527명(2016년 3월)
홈페이지	www.hikkoshi-sakai.co.jp

주식회사 아인홀딩스 222

업종 및 업태 | 소매업(조제약국·드럭스토어)

대표자 | 대표이사 사장 오타니 키이치

본사소재지 | 홋카이도 삿포로시 시로이시쿠 히가시삿포로 5죠 2-4-30

설립일 | 1969년 8월

자본금 | 8,682백만 엔

매출액 | 234,843백만 엔(2016년 4월, 연결결산)

영업이익 | 14,619백만 엔(2016년 4월)

점포수 | 조제약국 881개, 드럭스토어 52개, 합계 933개(2016년 4월)

종업원수 | 8,555명(2016년 4월, 약제사 3,899명 포함)

홈페이지 | www.ainj.co.jp

주식회사 PALTAC 171

업종 및 업태 | 도매업(화장품·일용품·일반의약품)

대표자 | 대표이사 사장 키무라 키요타카

본사소재지 | 오사카후 오사카시 추오쿠 혼마치바시 2-46

설립일 | 1928년 12월

자본금 | 15,869백만 엔

매출액 | 860,350백만 엔(2016년 3월, 개별결산)

영업이익 | 16,101백만 엔(2016년 3월)

물류거점 | 지사 9곳, RDC 16곳

종업원수 | 2,245명(2016년 3월)

홈페이지 | www.paltac.co.jp

주식회사 야쿠오도 210

업종 및 업태 | 소매업(드럭스토어)
대표자 | 대표이사 사장 사이고 타쓰히로
본사소재지 | 이와테켄 시와군 야하바쵸 히로미야사와 다이3치와리 242
설립일 | 1991년 6월
자본금 | 1,080백만 엔
매출액 | 66,937백만 엔(2016년 2월, 개별결산)
영업이익 | 2,652백만 엔(2016년 2월)
점포수 | 201개(2016년 2월)
종업원수 | 정규직 535명, 비정규직 1,444명(2016년 2월)
홈페이지 | www.yakuodo.co.jp

주식회사 산도랏구 235

업종 및 업태 | 소매업(드럭스토어)
대표자 | 대표이사 사장 아카오 키미야
본사소재지 | 도쿄토 후츄시 와카마츠쵸 1-38-1
설립일 | 1965년 4월
자본금 | 3,931백만 엔
매출액 | 358,316백만 엔(2016년 3월, 개별결산)
영업이익 | 24,617백만 엔(2016년 3월)
점포수 | 직영점 620개, 프랜차이즈 가맹점 53개, 673개(2016년 3월)
종업원수 | 정규직 2,810명, 비정규직 3,170명(2016년 3월)
홈페이지 | www.sundrug.co.jp

주식회사 코메리 248

업종 및 업태	소매업(홈센터)
대표자	대표이사 사장 사사게 유이치로
본사소재지	니가타켄 니가타시 미나미쿠 시미즈 4501-1
설립일	1962년 7월(창업일: 1952년 4월)
자본금	18,802백만 엔
매출액	310,667백만 엔(2016년 3월, 개별결산)
영업이익	12,667백만 엔(2016년 3월)
점포수	1,830개(2016년 11월)
종업원수	정규직 4,134명, 비정규직 4,250명(2016년 3월)
홈페이지	www.komeri.bit.or.jp

주식회사 니시마쓰야체인 242

업종 및 업태	소매업(유아 및 어린이 용품, 의류)
대표자	대표이사 사장 오무라 요시후미
본사소재지	효고켄 히메지시 시키토쵸쇼 266-1
설립일	1956년 10월
자본금	2,523백만 엔
매출액	541,177백만 엔(2016년 2월, 개별결산)
영업이익	40,466백만 엔(2016년 2월)
점포수	892개(2016년 8월)
종업원수	정규직 2,430명, 비정규직 11,801명(2016년 2월)
홈페이지	www.24028.jp

엔슈토럭쿠 주식회사 149

업종 및 업태 | 물류업(육상운송)
대표자 | 대표이사 사장 사와다 쿠니히코
본사소재지 | 시즈오카켄 후쿠로이시 키하라 627-3
설립일 | 1965년 8월
자본금 | 1,284백억 엔
매출액 | 19,507백만 엔(2016년 3월, 개별결산)
영업이익 | 775백만 엔(2016년 3월)
물류거점 | 영업소 16곳, 창고 120동(2016년 3월)
종업원수 | 655명(2016년 3월)
홈페이지 | www.enshu-truck.co.jp

와라베야니치요 주식회사 115

업종 및 업태 | 제조업(즉석조리식품)
대표자 | 대표이사 사장 오토모 히로유키
본사소재지 | 도쿄토 코다이라시 오가와히가시초 5-7-10
설립일 | 1964년 3월
자본금 | 8,049백만 엔
매출액 | 159,155백만 엔(2016년 2월, 개별결산)
영업이익 | 898백만 엔(2016년 2월)
종업원수 | 정규직 1,040명, 비정규직 3,962명(2016년 8월)
홈페이지 | www.warabeya.co.jp

주식회사 야오코 192

업종 및 업태	소매업(슈퍼마켓)
대표자	대표이사 사장 카와노 스미토
본사소재지	사이타마켄 카와고에시 와키타혼쵸 1-5
설립일	1957년 3월(창립일: 1890년)
자본금	4,199백만 엔
매출액	325,441백만 엔(2016년 3월, 개별결산)
영업이익	13,850백만 엔(2016년 3월)
점포수	148개(2016년 3월)
종업원수	정규직 2,714명, 비정규직 9,881명(2016년 3월)
홈페이지	www.yaoko-net.com

주식회사 이즈미 154

업종 및 업태	소매업(슈퍼마켓)
대표자	대표이사 사장 야마니시 야스아키
본사소재지	히로시마켄 히로시마시 히가시쿠 후타바노사토 3-3-1
설립일	1961년 10월
자본금	19,613백만 엔
매출액	609,031백만 엔(2016년 2월, 개별결산)
영업이익	28,212백만 엔(2016년 2월)
점포수	종합슈퍼·슈퍼마켓 103개(2016년 2월)
종업원수	정규직 2,339명, 비정규직 5,031명(2016년 2월)
홈페이지	www.izumi.co.jp

주식회사 카토산교 157

업종 및 업태	도매업(종합식품)
대표자	대표이사 사장 카토 카즈야
본사소재지	효고켄 니시노미야시 마츠바라쵸 9-20
설립일	1947년 8월
자본금	5,934백만 엔
매출액	652,435백만 엔(2016년 9월, 개별결산)
영업이익	7,974백만 엔(2016년 9월)
영업거점	11지사 25지점·영업소, 물류센터 약 100곳(2016년 9월)
종업원수	1,016명(2016년 9월)
홈페이지	www.katosangyo.co.jp

렛쿠 주식회사 125

업종 및 업태	제조업(생활잡화)
대표자	대표이사 사장 나가모리 시게노부
본사소재지	도쿄토 추오쿠 니혼바시하마쵸 3-15-1
설립일	1983년 3월(창립일: 1978년 10월)
자본금	5,491백만 엔
매출액	33,911백만 엔(2016년 3월, 연결결산)
영업이익	818백만 엔(2016년 3월)
종업원수	450명(2016년 3월)
홈페이지	www.lecinc.co.jp

주식회사 후지코포레이션 184

업종 및 업태	소매업(자동차용품)
대표자	대표이사 사장 엔도 후미키
본사소재지	미야기켄 토미야시 나리타 1-7-1
설립일	1971년 11월
자본금	1,236백만 엔
매출액	29,036백만 엔(2016년 10월, 연결결산)
경상이익	2,259백만 엔(2016년 10월)
점포수	44개(2016년 11월)
종업원수	464명(2016년 10월)
홈페이지	www.fujicorporation.com

주식회사 훼미리마트 253

업종 및 업태	소매업(편의점)
대표자	대표이사 사장 사와다 타카시
본사소재지	도쿄토 토시마쿠 히가시이케부쿠로 3-1-1
설립일	1981년 9월(2001년 7월 재설립)
자본금	8,380백만 엔
매출액	2,005,580백만 엔(2016년 2월, 체인 전점 연결결산)
영업이익	41,677백만 엔(2016년 2월)
점포수	국내 11,656개, 해외 5,846개, 합계 17,052개(2016년 2월)
종업원수	4,304명(2016년 2월, 국내)
홈페이지	www.family.co.jp

참고문헌

제1부

- Philip Kotler (2017), "Marketing 4.0: Moving from Traditional to Digital", Wiley
- Klaus Schwab (2016), "The Fourth Industrial Revolution"
- 시바야마 게이타(2013), "조용한 대공황", 동아시아
- 마르쿠스 헹스트슐레거(2012), "개성의 힘: 불확실한 미래의 결정인자", 열린책들
- Clayton M. Christensen, Heiner Baumann, Rudy Ruggles, Thomas M. Sadtler (2006) "Disruptive Innovation for social change", Harvard Business Review
- 박종현, 김문구, 이지형(2012), "훤히 보이는 스마트IT: 산업과 시장의 이해", 한국전자통신연구원
- 조영태 (2016) "정해진 미래", 북스톤
- 산케이신문 생명 취재반(2005) "100세 시대", 은행나무
- Edward Glaeser (2011), "Triumph of the City", Macmillan
- 오마에 겐이치(2006) "The Next Global Stage", 럭스미디어
- Itamar Simonson, Emanuel Rosen (2015), "Absolute Value", SpanishPubsLlc
- Jim Lecinski (2011) "Winning the zero moment of truth", Google Report

제2부

- Gary Davies and Rosa Jun(2010), "Reputation gaps and the performance of service organizations", Strategic Management Journal
- Rajendra S. Sisodia, David Wolfe, Jagdish N. Sheth (2003), "Firms of Endearment: How World-Class Companies Profit from Passion and Purpose" Pearson Prentice Hall
- Joe Girard(1990) "How to Sell Anything to Anybody", HarperAudio
- Michael Treacy and Fred Wiersema(1993), "Customer Intimacy and Other Value Disciplines" , Harvard Business Review
- Michael E. Porter(1985) "Competitive Advantage", The Free Press
- Stephen L. Vargo & Robert F. Lusch (2004) "Evolving to a new dominant logic for marketing", Journal of Marketing, 68(1)), pp. 1-17

제3부

- 부록(259쪽)에 표시된 각 기업의 홈페이지와 더불어 저자의 직접 인터뷰 조사, 그리고 <닛케이비즈니스> 등 각종 신문과 잡지 기사를 참고함.

20년 불황에도

연 10% 이상 성장한

52개 일본기업